KU zu den 5 Hauptstücken des Kleinen Katechismus | Ein Arbeitsbuch zu »Denk mal nach ... mit Luther«

**Im Auftrag des Rates der Evangelischen Kirche der Union
Herausgegeben von der Kirchenkanzlei der EKU**

Erarbeitet von Christian Witting, Ulrike Baumann, Dietmar Gerts und Olaf Trenn
unter Mitarbeit von Marion Gardei und Dr. Reinhard Kirste

Dietmar Gerts
DAS VATERUNSER
Ruf nach Zukunft

Originalausgabe

Die Deutsche Bibliothek – CIP-Einheitsaufnahme

KU zu den 5 Hauptstücken des Kleinen Katechismus :
ein Arbeitsbuch zu »Denk mal nach ... mit Luther« /
[im Auftr. des Rates der Evangelischen Kirche der Union hrsg. von
der Kirchenkanzlei der EKU]. – Gütersloh: Gütersloher Verl.-Haus
  ISBN 3-579-01798-5

3. Das Vaterunser : Ruf nach Zukunft / Dietmar Gerts. – 1997

ISBN 3-579-01798-5
© Gütersloher Verlagshaus, Gütersloh 1997

Das Werk einschließlich aller seiner Teile ist urheberrechtlich geschützt. Jede Verwertung außerhalb der
engen Grenzen des Urheberrechtsgesetzes ist ohne Zustimmung des Verlages unzulässig und strafbar.
Das gilt insbesondere für Vervielfältigungen, Übersetzungen, Mikroverfilmungen und die Einspeicherung
und Verarbeitung in elektronischen Systemen.

Umschlaggestaltung: INIT, Bielefeld, unter Verwendung eines farbl. veränderten Ausschnittes
aus dem Altarbild der Martin-Luther-Gemeinde, Berlin-Neukölln, 1984, von Monika Sieveking
Satz: Weserdruckerei Rolf Oesselmann GmbH, Stolzenau
Druck und Bindung: PPK – Partner für Print und Kommunikation GmbH, Bielefeld
Gedruckt auf chlorfrei gebleichtem Werkdruckpapier
Printed in Germany

EINFÜHRUNG 7

DIE ANREDE
Wenn ich bete, beginne ich 10
Wir reden Gott mit Worten an, die von unserem Glauben bestimmt sind. Das ➜ *Poster* »Heimkehr des verlorenen Sohnes« stellt mit Lk 15,11-32 eine biblische Geschichte in den Mittelpunkt, in deren dramatischer Entwicklung mehrere Varianten von Gottesbeziehungen enthalten sind.

DIE ERSTE BITTE
Sag mir, wie du heißt 15
Zu jedem Namen der Konfirmandinnen und Konfirmanden wird eine ➜ *Collage* angefertigt und vorgestellt. Von »Sag mir, wie du heißt« ist es nur ein kleiner Schritt zu »Sag mir, wie Gott heißt«.
Mit Erwachsenen 17

DIE ZWEITE BITTE
Ich rufe nach Zukunft 19
Im Mittelpunkt steht mit einem dreiteiligen ➜ *Altarbild* eine Vision vom Reich Gottes, die zur eigenen Hoffnung in Beziehung gesetzt wird.
Mit Erwachsenen 22
Anregungen für einen Gottesdienst 22

DIE DRITTE BITTE
Gott will Leben 23
An den Beispielen von Jona und Jesus wird der Frage nachgegangen, was Gott will. Ein eindrückliches ➜ *Graffito* mit dem Titel »Golgatha« verweist darauf, daß das Leid nicht Gottes letzte Antwort ist.
Mit Erwachsenen 26

DIE VIERTE BITTE
Komm, iß ein Stück Brot 27
Angesichts von Armut und Reichtum in der Welt und in der Bundesrepublik wird ➜ *Brot* als Zeichen für Leben und Solidarität wahrgenommen und erfahren.
Mit Erwachsenen 30
Gottesdienst am Erntedankfest 31

DIE FÜNFTE BITTE
Ein neuer Anfang 32
Mit Hilfe einer ➜ *Mal- und Schreibübung* wird die persönliche Erfahrung von eigener und fremder Schuld in den Blick genommen. Ob Schuld als Verhängnis unseres Menschseins oder als individuelles Versagen begriffen wird, die Bitte um Vergebung öffnet die Zukunft.
Mit Erwachsenen 34

DIE SECHSTE UND DIE SIEBTE BITTE

Das Böse verwandeln 35

Ein ➜ *Gemälde* macht auf eine strukturelle Versuchung unserer Zeit aufmerksam. Mit Hilfe von s/w-Fotos werden individuelle Erfahrungen des Bösen zusammengetragen, die ebenfalls geeignet sind, den Glauben auf die Probe zu stellen. Die Anfechtungen zu überwinden, ist nicht unsere Leistung.
Mit Erwachsenen 37

LOBPREIS

In gespannter Erwartung 38

Was wir hoffen dürfen, verbindet sich mit Gott. Ein ➜ *interaktives Verfahren* gibt noch einmal Gelegenheit, sich die eigene Nähe und Ferne zu den einzelnen Aussagen des Vaterunsers bewußt zu machen und in den Lobpreis einzustimmen.
Mit Konfirmandinnen, Konfirmanden und Erwachsenen 39
Anregungen für einen Gottesdienst 40

Einführung

Beten ist das Bemühen, drei Aspekte zusammenzubekommen und zu verstehen: das Leben und uns selbst; Gott und uns selbst; das Leben und Gott. »Im Gebet versuchen wir zu sagen, wo wir sind – im Alltag, in der Langeweile, im Rummel, im Glück. Wir versuchen zu sagen, wer wir sind – deren Vater im Himmel ist und nicht hier, die das Reich und den Willen brauchen können, aber nicht bei sich haben; wir: hungrig, schuldig, versucht.«[1] Was dazu nötig ist, hat Jesus seinen Freundinnen und Freunden – auf ihre Bitte hin (Lk 11,2) – mit dem Vaterunser gezeigt. Er nahm für seine »Anleitung zum Beten« aus der jüdischen Gottesdienstpraxis, genauer aus dem Kaddisch (»Erhoben und geheiligt werde sein großer Name in der Welt, ...«) und dem Achtzehn-Bitten-Gebet (»Gelobet seist du, Ewiger, unser Gott, ...«) die Sätze heraus, die das Wichtigste, das für uns Notwendige enthalten. Mehr braucht es nicht. Das Begreifen und Entdecken der Welt, des eigenen Lebens und der Beziehung zu Gott wird nicht durch eine Fülle von Worten gefördert, im Gegenteil: »Die rechte Weise ist, daß man wenig Wort mache, aber viel und tiefe Meinungen und Sinnen. Je weniger Wort, je besser Gebet. Je mehr Wort, je ärger Gebet. Wenig Wort und viel Meinung ist christlich. Viel Wort und wenig Meinung ist heidnisch.«[2]

Schon sehr früh begriff die junge Kirche das Vaterunser »als Zusammenfassung alles Betens« (Cyprian, 258[3]). Augustin (354-430) bezeichnete es als »das tägliche Gebet«[4]. Noch weiter ging Tertulian (160- ca. 220), der das Vaterunser »eine kurze Übersicht über das ganze Evangelium« nannte.[5] Das Vaterunser wurde, neben den 10 Geboten und dem Glaubensbekenntnis, besonders im Westen Bestandteil der mündlichen Unterweisung der Taufbewerberinnen und -bewerber (Katechumenen). Mit der Veröffentlichung des Kleinen Katechismus 1529 nimmt Martin Luther sowohl gegenüber den ausufernden Lehr- und Lernstoffkatalogen des Mittelalters als auch im Blick auf seinen zuerst erschienenen Großen Katechismus eine »didaktische Reduzierung« auf das für Glauben und Leben unbedingt Notwendige vor. Sein Interesse ist ein angemessenes Verständnis des gottesdienstlichen Geschehens seitens der Christen. Selbst »gelehrte Leute« findet der Visitator wenig auskunftsfähig, geht es um Wort und Sakrament. Zwar wird der Kleine Katechismus an die »gemeinen Pfarrherrn und Prediger« adressiert, erweist sich aber durch die allen Hauptstücken vorangestellte und entsprechend variierte Überschrift als Buch für den häuslichen Gebrauch, das über die ursprünglich katechetische Funktion hinaus Verwendung finden und Bedeutung haben soll: »Das Vaterunser, wie ein Hausvater dasselbige seinem Gesinde aufs einfältigest furhalten soll.«[6] Die Erklärungen geben die Art und Weise der Unterweisung ebenso vor wie ihre theologisch geprägten Inhalte.[7]

Luther erklärt zunächst, wer im Vaterunser zu wem redet: Wir, die Kinder, sprechen zu ihm, dem Vater. Darin ist das ganze Evangelium enthalten. Gott bietet uns eine enge Beziehung an, die durch ihn konstituiert und garantiert wird. Unsere erste Antwort darauf ist, ihn als »Vater« anzureden.

Daß Gottes Handeln allem unseren Tun, auch unserem Beten, vorausgeht, würdigt Luther in sprachlich bündiger Formulierung über vier Bitten: Gottes Name ist an sich selbst heilig. Sein Reich kommt ohne uns. Sein Wille geschieht unabhängig von uns. Selbst das tägliche Brot gibt er allen Menschen auch ohne unsere Bitte. Es ist jüdische Tradition, nicht mit der Tür ins Haus zu fallen, sondern zunächst dem Adressaten des Gebetes die Ehre zu geben. Gott bleibt aber auch darüber hinaus Subjekt des Geschehens. Alles, worum gebeten wird, soll durch ihn erfolgen. Gott helfe, gebe, behüte und erhalte. Gott behalte uns fest in seinem Wort und Glauben.

Es geht im Vaterunser jedoch nicht um Gott an sich, sondern um die Gottwerdung Gottes in unserem Leben. Luther unterstreicht das mit einem dreifachen »auch bei uns« bzw. »auch zu uns«. Gott komme und handle! Er helfe uns im Blick auf alles, was Not tut für Leib und Leben. Er helfe uns in seelischer Not, angesichts von Unglauben, Irrlehre, bösem Rat und Willen.

»Das Böse« oder »das Übel«, das uns an Leib und Seele gefährdet und sogar zur radikalen Absage an Gott versucht, konkretisiert sich für Luther als »der Teufel, die Welt und unser Fleisch«. Zwar scheinen die drei gegengöttlichen

---

1 **Dorothee Sölle, Gebet.** In: Theologie für Nichttheologen. ABC Protestantischen Denkens, hg.v. Hans Jürgen Schultz, Stuttgart/Berlin 1966, S. 123.
2 **Martin Luther, Auslegung deutsch des Vaterunsers für die einfältigen Laien,** 1519. In: Weimarer Ausgabe 2, S. 81.
3 De origo dominica; zit. v. Hans Werner Surkau, Art. Katechismus II. Geschichtlich. In: Die Religion in Geschichte und Gegenwart. Handwörterbuch für Theologie und Religionswissenschaft, 3. Aufl., Bd. III, hg.v. K. Galling [u.a.], Tübingen 1959, Sp. 1180 f. – Weitere RGG-Artikel werden im folgenden abgekürzt angeführt mit »RGG³«, Bd. (Jahr).
4 Ebd., Sp. 1181.
5 **Herbert Girgensohn, Katechismus-Auslegung,** Witten 1956, S. 184.
6 **Martin Luther, Enchiridion.** Der kleine Katechismus für die gemeine Pfarrherr und Prediger, 1529. In: Die Bekenntnisschriften der ev.-luth. Kirche, Göttingen 1963⁵, S. 512.
7 Die Vaterunser-Anrede und ihre Erklärung werden erstmals in der Ausgabe von 1531 zugefügt (nach Hans Werner Surkau, a.a.O., Sp. 1182). Wie in den ältesten Handschriften des Neuen Testamentes fehlt die Doxologie sowohl im Kleinen, als auch im Großen Katechismus. Für sie gibt es keine Erklärung Luthers. Sie wird erst im Nürnberger Katechismusdruck von 1558 abgedruckt (Die Bekenntnisschriften, a.a.O., S. 515).

Kräfte scheinen Elemente einer Ordnung Gottes zu sein. Allerdings wird kein Christ aus der Verantwortung entlassen: Es bleibt an ihm, sich dem Heiligen Geist nicht zu verweigern und dem Worte gemäß zu leben.

Die Weltverneinung (»Jammertal«) ist in der Gewißheit aufgehoben, daß Gott uns erhören will, hier und jetzt. Das Vertrauen auf Gott, das in der Erklärung zum Amen formuliert ist, lenkt zum Anfang zurück: Er ist der Vater, von dem wir alles erwarten dürfen.

Das Vaterunser ist ohne Frage → das Gebet der Christen. Viele sprechen es im Gottesdienst selbstverständlich mit. Manche fühlen sich durch das Gebet mit zahllosen anderen Christen in der Ökumene verbunden. Andere beten es privat. Nicht wenige Christen sprechen das Vaterunser für einen oder mehrere andere. Wieder andere, die gerne beten wollen, empfinden das Vaterunser selbst als zu formelhaft, lassen sich aber durch das Gebet zu ihren Formulierungen anregen. Kurz, die meisten erwachsenen Christen haben eine eigene kleine Geschichte mit dem Vaterunser. Es bereitet im Rahmen der Gemeindearbeit in der Regel keine ernsthaften Schwierigkeiten, mit ihnen über das Vaterunser ins Gespräch zu kommen.

Anders verhält es sich mit Jugendlichen, vornehmlich mit Konfirmandinnen und Konfirmanden. Die beiden »Denkvoraussetzungen« des Vaterunsers, nämlich, *daß ein Gott sei* und *daß der Mensch zu Gott betend in Beziehung treten kann,* stehen grundsätzlich in Frage. »Immer mehr Konfirmanden ist das Beten generell fremd. Mit ihnen ist nie gebetet worden; daß sie es selbst tun können, ist ihnen nicht in den Sinn gekommen. Sie stehen dem Thema erst einmal ratlos gegenüber.«[8] Mögen andere aufgrund ihrer Erfahrungen die Ausgangssituation auch (noch?) moderater skizzieren können,[9] mir ist unlängst in einer Gruppe von Konfirmandinnen und Konfirmanden begegnet, daß *keiner* der 13jährigen je gebetet haben wollte. Nun könnte man urteilen, daß die Jungen und Mädchen sich deshalb bedeckt gehalten haben, weil Beten und alles, was damit verbunden ist – die Anlässe, die Art und Weise des Betens, Erfahrungen wie vergebliches Beten oder Gebetserhörung – zum »Intimbereich« gehört. Allerdings war die Atmosphäre so, daß wir relativ offen miteinander sprechen konnten. Generell gilt, daß immer seltener in Gesprächen herauskommt, daß der eine oder die andere Jugendliche auch schon mal selbst betet, meistens in Krisensituationen. Wir Theologinnen und Theologen können

uns den »Traditionsabbruch« nicht radikal genug vorstellen. Dem Didaktiker fällt schnell ein, was in dieser Situation vor der Behandlung des Vaterunsers im Unterricht eigentlich erst zu klären wäre:
- Was heißt für Christen beten?
- Wann beten Christen?
- Was erleben Christen beim Beten?
- Was erhoffen sich Christen vom Gebet?
- Wie erfahren Christen die Erfüllung ihrer Gebete?
- Wie hängen für Christen Beten und Handeln zusammen?

W. Neidhart schreibt in seinem schon erwähnten, sehr lesens- und nachdenkenswerten Aufsatz: »Es empfiehlt sich nicht, Fragen zu behandeln, die von niemandem in der Gruppe gestellt werden.«[10] Überhaupt ist der gesamte Artikel eine Mahnung, beim »Beten lernen im Konfirmandenunterricht« behutsam zu sein und auf alle Fälle zu vermeiden, daß jemand »unter den Jugendlichen das Gefühl hat, gegen den eigenen Willen gezwungen zu sein, zu beten oder bei einem Gebet mitzusprechen«[11].

Unterrichtseinheiten zum Vaterunser könnten einen »liturgischen« Rahmen haben: Zu Beginn wird z.B. immer ein Textplakat mit der zu behandelnden Bitte aufgehängt; so wird es unten vorgeschlagen. Zum Abschluß der Stunde könnte das Vaterunser gemeinsam gesprochen werden. Dabei wird bzw. werden die Bitte(n) des Tages besonders betont, d.h. lauter gesprochen. Das Verfahren legt sich deswegen nahe, weil zum Sprechen und Arbeiten über das Beten oder ein Gebet auch gehört, es zu vollziehen. Neidharts Mahnung bedeutet aber, den Prozeß zu verlangsamen und sich erst des Einverständnisses aller Beteiligten zu versichern, Gruppendruck dabei entgegenzutreten und Widersprüche unbedingt ernst zu nehmen. Eine generelle Empfehlung, jede Unterrichtsstunde zum Vaterunser mit einem gemeinsamen Memorieren des Gebetes abzuschließen, wird daher nicht ausgesprochen. Ursprünglich als Abschluß aller folgenden Vorschläge konzipiert, sind entsprechende Sätze – bis auf die Unterrichtseinheit zum Lobpreis – wieder gestrichen worden. Damit bleibt die Frage freilich offen, wie das Beten selbst integraler Bestandteil eines Unterrichtes über ein Gebet werden kann.

Zwei weitere Wege werden hier nicht beschritten: Nach Neidhart »lernen wir als Christen beten, indem wir miterleben, wie Menschen, die uns mit ihrem Glauben und ihrer Lebenspraxis beeindrucken, beten, und indem wir dann selber erste Versuche mit dem Beten unternehmen«[12]. Das Interesse an Menschen, für die Beten alltägliche und

---

8 **Rahmenplan für die Arbeit mit Konfirmanden der Ev. Kirche in Berlin-Brandenburg,** Berlin 1994, S. 72.
9 **Z.B. Walter Neidhart, Beten lernen im Konfirmandenunterricht?** Theologische und psychologische Überlegungen. In: Wenn ihr betet ..., Gütersloh 1992, S. 87 (KU-Praxis, Schriftenreihe für die Arbeit mit Konfirmanden, H. 30, hg.v. Gottfried Adam (u.a.)).

10 Ebd., S. 89.
11 Ebd., S. 88.
12 Ebd., S. 87.

selbstverständliche praxis pietatis ist, kann geweckt und entsprechende Begegnungen können bewußt gemacht (Gottesdienst) oder arrangiert werden (z.B. Einladung von Konfirmandinnen und Konfirmanden zum Friedensgebet oder von engagierten Christen in die Konfirmandengruppe). Auch wenn der damit angestrebte Lernprozeß nur in engen Grenzen didaktisch planbar ist: ein solcher Schritt ist besonders dann als Ergänzung einer Vaterunser-Einheit bedenkenswert, wenn diese exemplarisch und ausschließlich für eine Beschäftigung mit dem Thema »Gebet« steht. Ausgeklammert ist ferner eine Bearbeitung des ganzen Bereiches »Moratorien im Alltag«[13], von kontemplativen Gepflogenheiten von Jugendlichen bis zu ihren okkulten Praktiken[14]. Leider gibt es m. W. noch kein unterrichtliches Material, daß die säkularisierte und pseudo-religiöse Konkurrenz zu christlichen Lebensformen wirklich ernst nimmt. Auch hier kann daran nicht in apologetischer Absicht angeknüpft werden. Aber die Phänomene sind natürlich als Ausgangsbedingungen für eine unterrichtliche Bearbeitung des Vaterunsers relevant.

Die Denkmal-Redaktionsgruppe hat mit der Zuordnung der Materialien zu den einzelnen Bitten des Vaterunsers eine Vorauswahl über die Schwerpunkte der Auslegung in die eine oder andere Richtung getroffen. Die Übersicht zeigt die Zusammenhänge zwischen den einzelnen Bitten und biblischen, theologischen und »problemorientierten« Themen. Bei der Arbeit mit Erwachsenen ergeben sich bei einigen Bitten Alternativen: Zufall, persönliche Gotteserfahrung, Gebet; Wirtschaftsflaute, Arbeitslosigkeit, Armut (Anrede), alternative Anreden Gottes (1. Bitte), Krieg, Nationalsozialismus, Widerstand; Segen (2. Bitte), mongoloides Kind, Familie (3. Bitte) und kirchengemeindliche Sozialarbeit (4. Bitte). Die Fülle läßt sich kaum systematisieren. Aber sie bietet immerhin die Möglichkeit, auszuwählen und die Akzente etwas anders zu setzen, als vorgeschlagen.

BITTE	THEMEN
Anrede	Gott, Sünde/Schuld, Buße und Vergebung (Lk 15,11-32)
1. Bitte	Offenbarung Gottes, Identität (Ex 3,1-14)
2. Bitte	Biographie und Entwicklung, persönliche Zukunft und Zukunft der Welt, Reich Gottes
3. Bitte	Gehorsam und Widerstand, Jesus Christus, Leid (Jona-Buch, Passionsgeschichte)
4. Bitte	Armut und Reichtum, Weltwirtschaftsordnung und neue Armut, Solidarität
5. Bitte	Schuld und Vergebung, Krieg und Frieden, Abendmahl
6./7. Bitte	Das Böse, Versuchung, Gerechtigkeit,
Lobpreis	Gottesbeziehung, Glauben, Beten, Welt und Selbstverständnis (Das Vaterunser)

Die im Unterrichtsbuch reichlich vorgegebenen Medien werden sparsam benutzt. Sie werden eingesetzt als »Anregungsvariablen« für einen Austausch über zutiefst persönliche Fragen. Geht es bei den Gesprächen vor allem um die Beziehung zu Gott, um das Gebet, um Glauben und Hoffnung, um Schuld und Vergebung usw., können Unterricht und Gemeindeabende eigentlich nur *Veranstaltungen mit einem deutlich seelsorgerlichen Akzent* sein. Erstes »Material« für alle Einheiten sind stets die Biographien, die Erlebnisse und die Erfahrungen, die Einstellungen und die Überzeugungen aller Beteiligten. An vielen Stellen wird deutlich werden, daß wir, fungieren wir als Unterrichtende im Konfirmandenunterricht oder als Gesprächsleiterinnen und Gesprächsleiter während eines Gemeindeabends, den jugendlichen oder erwachsenen Teilnehmerinnen und Teilnehmern nichts voraus haben: Fragen und Zweifel, Schuld- und Leiderfahrungen, das Erschrecken vor dem Bösen und die Versuchung, Gott abzusagen – das alles ist bei uns ebenso verteilt wie bei ihnen. Und manchmal sind wir es, die lernen – von ihrem Glauben und von ihrer Hoffnung.

---

13 **Heiner Barz, Religion ohne Institution**, Bd. 2: Postmoderne Religion – die junge Generation in den alten Bundesländern, Opladen 1992, S. 64.
14 **Vgl. dazu besonders Walter von Lucadou, Beten oder beschwören.** Jugendliche auf der Suche nach verläßlichen Antworten. In: Wenn ihr betet ..., Gütersloh 1992, S. 91-94 (KU-Praxis. Schriftenreihe für die Arbeit mit Konfirmanden, H. 30, hg.v. Gottfried Adam (u.a.)).

Die Anrede

Vater unser im Himmel

Wenn ich bete, beginne ich ...

Mac Zimmermann, Heimkehr des verlorenen Sohnes, 1964

Der Vatername für Gott ist im Judentum und darüber hinaus eine geläufige Form der Anrede. Wenn Jesus wie im Vaterunser den Vaternamen benutzt, hören wir aber auch zugleich sein »Abba«: »›Abba‹ ... ist nicht die korrekte Wortform für ›Vater‹, sondern vermutlich das Lallwort des Kindes, in dem die ganze Nähe, Herzlichkeit und Liebe mitschwingt, mit der man eben nicht eine Person als Vater ›bezeichnet‹, sondern mit der das Kind den Vater ›anredet‹. ›Abba‹ – so tönte es aus Kindermund in der profanen Alltagssprache.«[1] Auf der gleichen »intimen Ebene« äußerte sich Matthias Claudius: »Siehe, wenn ich's beten will, so denke ich zuerst an meinen seligen Vater, wie der so gut war und so gern mir geben mochte.«[2] Damit wird nicht beschrieben, wer oder was Gott an und für sich ist. Die Anrede Gottes als »Vater« ist keine Aussage über das Wesen Gottes, sondern Ausdruck für eine Gottesbeziehung.

Ob der Gedanke richtig ist, läßt sich leicht überprüfen: Dürfen Frauen statt »Unser Vater« »Unsere Mutter« sagen? Die so beten, kümmern solche rhetorischen Männerfragen nicht. Sie erleben aber, daß es ihnen nicht anders geht wie dem Autor des Vaterunsers: »Jesus hatte die Kühnheit, so von Gott und zu Gott zu reden, daß es frommen Ohren anstößig, respektlos, weltlich klang.«[3] Zwar werden sich wohl alle schnell einig über den Satz: »Unser Gott ist keine Frau, unser Gott ist kein Mann« (Denk mal nach ..., S. 130). Aber ob man und frau ihn auch so ansprechen dürfen, wie ihnen ums Herz ist, scheidet die Geister. Im »Vaterunser« ermächtigt uns Jesus aber, Gott so anzureden, wie er zu uns und wir zu ihm in Beziehung stehen! Deshalb dürfen wir »Gott, du unser Vater und unsere Mutter« (Denk mal nach ..., S. 130) sagen und werden viele finden, die mit uns einstimmen. Darum werden wir noch andere Ausdrücke innigster Beziehung finden, die uns miteinander verbinden und uns zu Bildern unserer Gottesbeziehung werden. Der Zusatz »im Himmel« sichert, daß der »unendlich qualitative Unterschied« zwischen Gott und Mensch nicht leichtfertig verwischt wird.

»Vater unser«-Sagen trägt dazu bei, daß die Welt ein neues Gesicht bekommt. Jesus hat ihm u.a. die Züge von Lk 15,11-32 eingeprägt. Max Zimmermanns Bild »Heimkehr des verlorenen Sohnes« (Denk mal nach ..., S. 128f.) verdichtet sie auf den Moment der Wiederbegegnung, bei dem es zu Ausdrücken tiefster Verbundenheit zwischen zwei Menschen kommen kann. Das Bild ist die »Folie« für Unterrichts- und Gruppenarbeitsvorschläge, die über die Beziehung einer und eines jeden einzelnen zu Gott ins Gespräch zu kommen suchen und die Intimität entsprechender persönlicher Erfahrungen und Einstellungen achten und wahren wollen.

---

1 Gerhard Ebeling, **Vom Gebet.** Predigten über das Unser-Vater, München/Hamburg 1967, S. 22 (Siebenstern-Taschenbuch 89).
2 Gefunden bei Walter Lüthi, **Das Unservater.** Eine Auslegung, Basel o.J., S. 12.
3 Gerhard Ebeling, a.a.O., S. 22.

MIT KONFIRMANDINNEN UND KONFIRMANDEN

Absicht
Die Jugendlichen machen sich ihre Beziehung zu Gott bewußt und geben ihr Gestalt.

Material
- Wandplakat mit der Anrede Gottes im Vaterunser.
- Das beigefügte Poster »Heimkehr des verlorenen Sohnes« M 1.
- Eine konfirmandengemäße Nacherzählung von Lk 15,11-32[4].
- Konzeptpapier und Bleistifte.

Zeit
90 Minuten

Verlauf
1. Das Plakat mit der Anrede Gottes ist an der Wand, der Tafel, befestigt. »Eure Aufgabe ist es, zwei beliebige Figuren zu malen, von denen die eine Gott, die andere euch selbst darstellen soll. Jede Figur soll aus einer Linie bestehen, die einen beliebigen Verlauf hat und zu ihrem Ausgangspunkt zurückkehrt. Die besondere Art eurer Beziehung zu Gott könnt ihr dabei durch die Form beider Figuren, durch ihre Größe und durch den Abstand der beiden Figuren zueinander zum Ausdruck bringen.«[5] Dazu werden Konzeptpapier und Bleistifte bereitgestellt. Die Unterrichtenden sollten auf den Einwand vorbereitet sein, daß es doch nicht erlaubt sei, sich ein Bild von Gott zu machen. Andere könnten die Aufgabe mit dem Hinweis verweigern, daß sie nicht an Gott glauben und deshalb keine Figur malen könnten, die für ihn stünde. Es hat sich bewährt, daß sich Unterrichtende an der Übung beteiligen. 15 Minuten.
2. Die Skizzen werden – evtl. in mehreren Kleingruppen – besprochen. Wenn möglich, sitzen die Gruppen im Kreis. Jede(r) legt seine Skizze, so vor sich hin, daß die anderen sie gut sehen können. Bewährt hat sich ein nichtbewertendes Verfahren, in dem zunächst die Betrachterinnen und die Betrachter sagen, *was sie sehen* (vgl. die »Ich sehe«-Regel, S. 13), und erst zum Schluß die Zeichnerin oder der Zeichner selbst mitteilt, *was sie oder ihn bewegt hat*. Jedes Bild sollte in den Blick genommen werden. 45 Minuten.
3. Das Poster »Heimkehr des verlorenen Sohnes« wird eingeführt. Der Titel wird zunächst nicht bekanntgegeben. Das Bild kann betrachtet werden, wie ab S. 12 vorgeschlagen: 1. Schritt: »Das Bild und seine Wirkung« – 2. Schritt: »Das Bild und seine Wirkungsgeschichte« – 3. Schritt: »Das Bild und seine Aussagen(n)«; dazu: »Der Maler hat mit diesem Bild eine Geschichte aus der Bibel interpretiert.« Das Gleichnis wird erinnert; gegebenenfalls wird die Geschichte vom »verlorenen Sohn« in einer konfirmandengemäßen Form nacherzählt. 20 Minuten.

---

[4] Zwei Beispiele finden sich in: Auf Gott hoffen – das Leben neu sehen. Geschichten der Bibel nacherzählt, hg.v. Dietmar Gerts; Ute Melchior-Giovannini; Florian Sorkale, Gütersloh 1986, S. 53ff. und S. 57ff. (GTB 817).
[5] Klaus W. Vopel/Bernhard Wilde, Glaube und Selbsterfahrung im Vaterunser. Ein Kurs für lebendiges Lernen im kirchlichen Unterricht, Hamburg 1979, S. 10.

MAC ZIMMERMANN, DIE HEIMKEHR DES VERLORENEN SOHNES, 1964

Zwei sich umarmende Personen vor einem endlos erscheinenden Prospekt; aufgeblähte, fallschirmartige Hüllen, zur Erde sinkend; Verwandlungen dieser Hüllen in Gesteinsformationen in einer wüstenhaften Einöde. Mac Zimmermann präsentiert dem Betrachter die Heimkehr des verlorenen Sohnes (Lk 15,11-32) auf recht unkonventionelle Weise. Die sonst üblichen Szenen des Lebens des leichtsinnigen Sohnes im Wirtshaus und später unter den Schweinen, der Feierlichkeiten nach seiner Heimkehr und des Verzeihens des Vaters, die in einer langen künstlerischen Tradition stehen, werden hier reduziert auf das Zusammentreffen zweier gesichtsloser Menschen vor einer monoton erscheinenden einsamen Traumlandschaft. Ihre Identifizierung fällt schwer, ebenso die Einordnung der altertümlich anmutenden Bekleidung und das Nachvollziehen der Körperdrehungen, die dem Manierismus des 16. Jahrhunderts entnommen zu sein scheinen.

Zimmermann zeigt sich hier beeinflußt einerseits von der surrealistischen Malerei eines Chirico, Tanguys, Dalis oder Max Ernsts, andererseits von den von einem verinnerlichten Naturgefühl bestimmten Landschaften des Romantikers C. D. Friedrich. Beiden Kunstrichtungen ist der Bezug zum Unterbewußtsein gemein, der von Zimmermann durch die Kombination von aus dem Zusammenhang gerissenen Wirklichkeitsfragmenten mit einer ahnungs- und erinnerungsschweren inneren Wirklichkeit ins Phantastische gesteigert wird. Die gefeierte Heimkehr des verlorenen Sohnes wird so zu einer von Einsamkeit bestimmen Szenerie, in der aber auch das Aufgehobensein in einer menschlichen Beziehung zu spüren ist.

1912 wird Max Zimmermann, genannt Mac, in Stettin geboren. 1930 kurze Ausbildung an der Werkschule Stettins, ansonsten Autodidakt. 1934 in Hamburg als Bühnenbildner, Pressezeichner und Lehrer einer privaten Zeichenschule tätig. Um 1940 wendet er sich unter dem Einfluß der »Pittura metafisica« der Phantastischen Malerei zu. Während der Nazizeit ist er zeitweilig mit Malverbot belegt. Schon 1945 weist er eine überzeugende, für sich stehende Formenwelt nach. 1946-1947 Ruf an die Landeskunstschule Weimar. 1950 erhält er den Kunstpreis der Stadt Berlin. Neben Hofer und Schmidt-Rottluff ist er Gründungsmitglied des neuen »Deutschen Künstlerbundes«. 1958 Professor an der Berliner Hochschule für Bildende Künste. 1964-1981 Lehre an der Münchner Akademie. Zimmermann lebt in Hart/Wasserburg und auf Formentera.

Uschi Baetz

▼ 4. In einem auswertenden Gespräch ist es wichtig herauszustellen, daß es nicht um objektivierende Aussagen über die Existenz Gottes, sondern um Jesu Erfahrungen mit Gott (»Gott ist für mich wie ein Vater, der ...«) und um seine Beziehung zu Gott geht, die sich u.a. in der »Vater«-Anrede äußert. Das Schwerste bei diesem Schritt ist, den Konfirmandinnen und Konfirmanden nicht den Eindruck zu vermitteln, daß Poster und Gleichnis im Gegensatz zu ihren Gedanken die »richtige Gottesbeziehung« widerspiegeln. Zum Schluß: »Wer mag, kann laut oder leise oder auch nur in Gedanken eine andere Anrede Gottes probieren.« 10 Minuten.

→ **Alternativen zu Schritt 1**
Die Aufgabe bleibt, »zwei beliebige Figuren«, von denen die eine für Gott, die andere für einen selbst stehen soll, zu zeichnen bzw. zu gestalten. Entweder werden die beiden Figuren statt auf Konzeptpapier auf Zeichenkarton skizziert. Mit Hilfe von Wasserfarben und Pinsel werden die entstehenden Flächen in unterschiedlichen Farben ausgemalt. So entstehen »Poster«. Oder es wird eine »Gegenstandscollage« angefertigt: Mit einer Pappe als Grundfläche, Naturmaterialien und/oder Bastelhölzern werden zwei Figuren gestaltet und einander zugeordnet. Jeweils 45 Minuten.

BILDBETRACHTUNG

»Wir brauchen nicht das schnelle, sondern das stehende, das ruhende, das beharrende Bild. Wir brauchen nicht das aktive, sprungbereite, sondern das wartende Bild, das zurückhaltende, das Zeit hat und Zeit fordert. Wir brauchen nicht das lärmende, sondern das stille, leise Bild, nicht das brüllende, sondern das sprechende.«[6]
J. Zinks Sätze sind im Blick auf den erzieherischen Umgang mit Bildern formuliert. Dieser ist in den letzten Jahren besonders im Rahmen der Symboldidaktik profiliert und weiterentwickelt worden. Grundlage ist die Forderung H. Halbfas' nach einer »bildlichen Sensibilisierung«[7] in der pädagogischen Arbeit: Angesichts eskalierender Bildinflation und wachsender Bildentfremdung ermögliche nur eine strenge Reduktion auf das Nicht-Zufällige, daß Bilder wieder zu »klärenden Innenbildern« werden. Wir Älteren teilen heutzutage die Erfahrung einer gewaltigen Bilderflut mit den Jüngeren. Die *Empfehlung, das Sehen an sich zu verlangsamen*, um dem Wahrnehmen und Verstehen von Bildern (wieder) Tiefe zu verleihen, scheint nicht nur im Blick auf die Entwicklungsjahre angezeigt. Das Folgende ist für den Konfirmandenunterricht formuliert. Es hat aber auch für andere gemeindepädagogische Zusammenhänge Bedeutung.
Wer andere zu einem Gespräch über, besser: *mit* einem Bild anleiten will, muß selbst mit ihm in einen Dialog eingetreten sein. Erster Schritt einer Bildbetrachtung ist immer, als Unterrichtende(r) möglichst intensiv Eindrücke zu sammeln und soviel wie möglich über das Bild in Erfahrung zu bringen. Bildende Kunst unterscheidet prinzipiell die *bildimmanente Interpretation* (formal und inhaltlich) von der *kontextuellen Analyse* (motivgeschichtlich, sozialgeschichtlich, biographisch, psychologisch und geistesgeschichtlich).[8] Beide Betrachtungsweisen, obwohl alternativ ansetzend, fördern m.E. Einsichten zutage, die je auf ihre Weise »wahr« sind und einander ergänzen. Vielleicht kann man sie jenseits des Methodenstreites aufeinander beziehen: Die bildimmanente Interpretation akzentuiert die unmittelbare Wirkung, die das Bild auf die Betrachterin bzw. auf den Betrachter hat. Die kontextuelle Analyse ist der ursprünglichen und gegenwärtigen Bedeutung eines Bildes »an sich« und seiner Wirkungsgeschichte verpflichtet. Sowohl für den eigenen Dialog mit dem Bild als auch später für das Gruppengespräch ergäben sich zwei Schwerpunkte: *Das Bild und seine Wirkung* und *Das Bild und seine Wirkungsgeschichte*. Die folgende Liste, die auf die strenge methodische Trennung und ihre systematische Ausdifferenzierung verzichtet und aus der erschlagenden Fülle möglicher Fragen nur eine kleine Auswahl bietet, akzentuiert den ersten Gesichtspunkt, unterschlägt den zweiten jedoch nicht:

- Erster Eindruck, den das Bild auf die Betrachterin oder auf den Betrachter macht. Springt sie oder ihn etwas an? Gibt es spontane Einfälle und Empfindungen?
- Lädt das Bild ein, sich mit ihm zu beschäftigen, oder stößt es eher ab?
- Fordert das Bild die Betrachterin oder den Betrachter auf, sich in es hineinzubegeben, eine Haltung einzunehmen oder eine Handlung anzuspielen?
- Gibt es einen Mittelpunkt? Werden die Blicke in eine bestimmte Richtung gezogen?
- Verteilung und Proportionen von Licht und Schatten, Mitte und Rand, Vorder- und Hintergrund.
- Herausragende Details – Landschaft, Pflanzen, Tiere, Plätze, Straßen, Gebäude, Personen, Gegenstände, Zeichen, Symbole, ...
- Wirkt das Bild in sich abgeschlossen? Oder gibt es eine aus dem Bild hinausführende Perspektive oder eine seine Grenzen überschreitende Bewegung?
- Gibt es eine Bildkomposition, eine Stimmigkeit oder eher eine Unstimmigkeit?

---

6 Jörg Zink, zit. v. Erich Bochinger, **Anschaulicher Religionsunterricht,** Stuttgart 1967², S. 129 (Arbeiten zur Pädagogik 3, hg.v. Otto Dürr und Theodor Schlatter).
7 Z.B. Hubertus Halbfas, **Was heißt Symboldidaktik?** In: Arbeitsbuch Religionsunterricht, Gütersloh 1986, S. 176.
8 Vgl. Franz W. Niehl, **Damit uns die Augen aufgehen. Über den Umgang mit Bildern im Religionsunterricht,** München 1994, S. 3ff. (Materialbrief 1, hg.v. Deutschen Katecheten-Verein e.V.).

- Ist es ein erzieherisches, moralisches, politisches, irgendwie provokantes Bild?
- Künstlerin, Künstler und Entstehungszeit des Bildes.
- Biographische Details, Grundanliegen, Anerkennung bzw. Nichtanerkennung.
- Produktionstechnik, die angewandt wurde, und Kunstrichtung, der das Bild zuzuordnen ist.
- Originaler Titel und eigene Aussagen der Künstlerin bzw. des Künstlers zum Bild.
- Zusammenhang mit christlich-religiösen, philosophisch-weltanschaulichen, gesellschaftlich-politischen Fragestellungen ihrer bzw. seiner Zeit.
- Querverbindungen zu anderen kulturellen Produktionen, zu Bildern, Filmen, Texten, Liedern.
- Wirkungsgeschichte des Bildes.
- Motive der Betrachterin oder des Betrachters, das Bild in den Unterricht einzubringen.
- Gefühle, Assoziationen und Äußerungen der Konfirmandinnen und Konfirmanden, mit denen sie bzw. er rechnen muß.

Damit die Konfirmandinnen und Konfirmanden ihrerseits ein Gespräch mit einem Bild beginnen und führen, ist zunächst Zeit zum stillen Betrachten einzuräumen. Jede und jeder hat ein Exemplar vor sich. Oder das Bild ist so aufgehängt oder aufgestellt, daß alle es gut sehen können und auch zur Betrachtung von Einzelheiten möglichst nicht aufstehen müssen. Skizziert wird ein idealtypischer Verlauf, von dem in Praxis in der Regel leider Abstriche gemacht werden müssen:

→ *Das Bild und seine Wirkung:* Für den Austausch der Eindrücke gibt es weder eine Reihenfolge noch einen Äußerungszwang. Aber es gibt eine Grundregel, an die sich alle, auch die Unterrichtenden, halten: *Jeder Satz beginnt mit »Ich sehe ...«* Alle entsprechend formulierten Assoziationen sind zugelassen. Die Äußerungen werden nicht – auch nicht durch Unterrichtende – kommentiert oder gar bewertet. Niemand ist Beurteilungsinstanz für richtiges oder falsches Sehen! Dieser Grundsatz gilt auch dann, wenn anschließend über die Eindrücke gesprochen wird. Aufgabe der Unterrichtenden ist es, das Gespräch der Konfirmandinnen und Konfirmanden untereinander durch behutsame Impulse zu initiieren, zu strukturieren und dafür Sorge zu tragen, daß sie sich aufeinander beziehen.
(Dieses aus der schulischen Symboldidaktik H. Halbfas' entlehnte Verfahren erscheint erst einmal sehr spröde und streng. Es ist darüber hinaus nicht unproblematisch, eine einzelne Methode aus einem didaktischen Gesamtkonzept herauszulösen. Aber sie hat sich in der Konfirmandenarbeit bewährt. Sie intensiviert nicht nur die Arbeit mit Bildern, sondern sie verbessert auch die Kommunikation in der Gruppe: Eher zurückhaltende Jugendliche werden ermutigt, sich zu äußern! Solche guten Erfahrungen machen entsprechende Versuche lohnend.)

→ *Das Bild und seine Wirkungsgeschichte:* In einer zweiten Runde haben Sachinformationen ihren Ort. Möglicherweise wissen die Konfirmandinnen und Konfirmanden selbst einiges, haben den Namen des Künstlers schon einmal gehört, können eine zeitliche Einordnung vornehmen, kulturelle Parallelen aufzeigen u.a.m. Solche Kenntnisse gilt es erst einmal zu aktivieren. Können dann ergänzende Sachinformationen so eingebracht werden, daß sich die Konfirmandinnen und Konfirmanden mit ihren, wahrscheinlich nicht immer korrekten oder angemessenen Äußerungen nicht herabgesetzt oder deklassiert fühlen und schließlich verstummen?

→ *Das Bild und seine Aussage(n):* Manche Unterrichtende gehen davon aus, daß kulturelle Äußerungen *eine* Aussage haben. Die Aufforderung an die Gruppe, sich auf *eine* Formulierung zu einigen, verträgt sich aber nicht gut mit der bisher beschriebenen Vorgehensweise. Alternativen:
- Jede(r) schreibt einen Titel auf einen Zettel; die Zettel werden in die Mitte gelegt; jede(r) zieht einen aus dem Stapel heraus und trägt den Titel vor. (Die Anonymisierung verhindert das »Wollte ich auch sagen!«)
- Jede(r) schreibt dem Künstler oder der Künstlerin einen kurzen Brief, welchen Eindruck das Bild auf sie/ihn macht. Fortsetzung wie oben.
- Jede(r) erhält eine s/w-Kopie der Darstellung mit einmontierten Sprechblasen für Haupt- oder Randfiguren: Was sagen sie gerade zueinander?[9]

MIT ERWACHSENEN

Material
- Das beigefügte Poster »Heimkehr des verlorenen Sohnes« M 1.
- Die Erzählung »Das Paket des lieben Gottes« (Denk mal nach ..., S. 132f.); dazu »Bertolt Brecht, Das Paket des lieben Gottes«, S. 14.

Verlauf

Mit Erwachsenen sind sowohl die Gestaltungsphasen als auch die Gespräche in der Regel intensiver als mit Konfirmandinnen und Konfirmanden und brauchen mehr als doppelt soviel Zeit wie angegeben. Außerdem sollte die Gruppe schon gewohnt sein, etwas zu einer theologisch-biographischen Fragestellung zu zeichnen, zu malen oder zu basteln und sich anschließend darüber auszutauschen. Für einen ersten Versuch in dieser Richtung eignet sich das Verfahren nicht. Deshalb wird eine alternative Planung vor-

---

[9] **Franz W. Niehl listet a.a.O.** 32 weitere Methoden auf, mit Bildern zu arbeiten und sich ihren vielfältigen Gehalt zu erschließen.

geschlagen. Nach einem Einstieg mit Hilfe des Posters »Die Heimkehr des verlorenen Sohnes« wird die Erzählung »Das Paket des lieben Gottes« gelesen.

Ein anschließendes Gespräch könnte sich auf verschiedenen Ebenen entwickeln:
- Die Kurzgeschichte regt die Teilnehmerinnen und Teilnehmer möglicherweise an, spontan eigene Erlebnisse auf der Grenze zwischen zufälligen Ereignissen und Gotteserfahrungen zu schildern. Wenn anders, kann es sinnvoll sein, ausdrücklich zum Erzählen zu ermutigen.
- Impulse wie »Gott ist für mich wie ...« (Beziehungsaspekt) oder »Wenn ich bete, beginne ich mit den Worten ...« (Anrede Gottes) können die Eindrücke bündeln und die Verbindung zum Thema »Vaterunser« herstellen.
- Das Gespräch kann grundsätzlichen Charakter bekommen, so daß theologische Grundpositionen zur Gottesfrage und zum Gebet angefragt werden.
- Die Kurzgeschichte verdient es, als solche gewürdigt und unter Verwendung von Hintergrundinformationen interpretiert zu werden.
- Brechts Geschichte kann aber auch eine »Eigendynamik« bekommen: Zwischen ihrer bedrückenden Aktualität (Wirtschaftsflaute, Arbeitslosigkeit, Armut) und biographischen Reminiszenzen älterer Teilnehmerinnen und Teilnehmer kann eine mittelbare oder unmittelbare Betroffenheit sichtbar werden, die nicht einfach übergangen werden kann!

BERTOLT BRECHT, DAS PAKET DES LIEBEN GOTTES

☞ **Als der »Dichter und Schriftsteller, Dramatiker, Epiker, Lyriker, ...«**[10] Bertolt Brecht (1898 – 1956) die Erzählung mit dem Untertitel ›Eine Weihnachtsgeschichte‹ am 25.12.1926 in der Magdeburgischen Zeitung veröffentlichte[11], kannten die Leserinnen und Leser die Situation, die er ihnen vor Augen stellte. Deutschland hatte gerade eine Inflation in einem bis dahin unbekannten Maße erlebt (Höhepunkt am 31.10.1923: 72,5 Milliarden Mark sind gleich 1 Dollar[12]). Massenverelendung war die Folge. Doch nicht genug! Die Weltwirtschaftskrise von 1929 bis 1932 stand noch bevor. Was Brecht in die USA des Jahres 1908 verlegt, verrät großes Einfühlungsvermögen in die Situation von arbeitslosen Menschen: Mit wenigen Sätzen läßt er uns die beherrschenden Stimmungen, Verzweiflung, Resignation und Hoffnungslosigkeit nachempfinden. Dieses unheilvolle Gemisch schlägt nur zu leicht in Aggressivität um. Die Sentimentalität des Weihnachtsabends bewirkt ein Übriges. Es entwickelt sich eine Bösartigkeit, die an der emotionalen Verletzbarkeit der Leidensgenossinnen und -genossen ihre Lust hat. Der Autor sucht Erklärungen, wirbt um Verständnis. Wer will ihm nicht folgen! Brechts Beschreibung gipfelt in dem Satz: »Der Teufel mochte seine schwarze Hand im Spiel haben.«

Die Wende kommt ungewollt, unbeabsichtigt, ja, für alle überraschend. Ein zufälliges Attribut des grausamen Spiels bringt dem einen der Anwesenden eine unerwartete Befreiung von einer seelischen Last. Die Entdeckung, nicht mehr von der Polizei gesucht zu werden, löst eine Freude aus, die alle ansteckt. »Zufällig«, Zufall? Der Autor findet einen anderen, letzten Grund und ein letztes Wort: Gott. An jenem Weihnachtsabend des Jahres 1908 im Schlachthofviertel von Chicago wird die uralte Erfahrung der Josephsgeschichte bestätigt: »Ihr gedachtet es böse mit mir zu machen, aber Gott gedachte es gut zu machen« (Gen 50,20).

Meisterlich, welche Wegweisung Brecht zu Beginn seiner Geschichte Leserinnen und Lesern, Erzählerinnen und Erzählern gibt: Lesen und Zuhören brauchen Atmosphäre, wenn eine(r) »von der Kälte erzählt« – gerade wenn am Ende etwas sehr Tröstliches und Mutmachendes erfaßt werden soll.

Zur biographischen Einordnung der Erzählung: »Brecht hat sich früh schon von seiner Umwelt, in die er hineingeboren wurde, losgesagt. Sein Vater war Papierfabrikant in Augsburg und katholischer Konfession. Seine Mutter aber war Protestantin. Der junge Brecht wurde protestantisch erzogen. Dies gab den ersten Zwiespalt in seinem Leben, eine Art früher Haßliebe zur Religion, ein Sehnen nach einem inneren Zuhause, das ihm gleichzeitig durch ein im Grunde religiös indifferentes Elternhaus verwehrt wurde. Der Sozialist und Kommunist Brecht hat später, gefragt nach dem Buch, das ihn im Leben am tiefsten berührt hätte »die Bibel« geantwortet. Ehrlichkeit und Ironie scheinen sich in diesem Bekenntnis die Waage zu halten.«[13]

---

10 **Wilhelm Jacobs, Moderne deutsche Literatur.** Porträts, Profile, Strukturen, Gütersloh o.J., S. 41 (Signum Taschenbücher 217).
11 **In: Bertolt Brecht, Gesammelte Werke 11. Prosa 1,** Frankfurt/M. 1967, Anmerkungen, S. 3* (werkausgabe edition suhrkamp, hg.v. Suhrkamp Verlag in Zusammenarbeit mit Elisabeth Hauptmann).
12 **Michael Freund, Deutsche Geschichte,** München 1979, S. 1019.

13 Wilhelm Jacobs, a.a.O.

Die erste Bitte

Geheiligt werde dein Name.

Sag mir, wie du heißt

»**Name ist Schall und Rauch,** umnebelnd Himmelsglut« – was Goethe Faust in den Mund legt, bezieht sich auf die Unzulänglichkeit anthropomorpher Bezeichnungen für Gott. Gott ist mehr als jeder Name, den Menschen nennen könnten. Wer mit welchen Worten auch immer Gott anredet, »hat« ihn damit noch lange nicht. Gott ist unverfügbar (das theologische Axiom der Nicht-Objektivierbarkeit Gottes). Gleichzeitig gilt, daß jeder geoffenbarte Name Gottes etwas von seinem Wesen mitteilt. Die alttestamentliche Deutung Jahwes ist Geschichtlichkeit und Prozeßhaftigkeit per se: »Ich werde sein, der ich sein werde« (Ex 3,14). Neutestamentliche Auslegung neigt demgegenüber zu christologischer Verengung, die dem Grundsatz der Nicht-Objektivierbarkeit entgegensteht: »Wer auf Gott wartet, hat nur noch *einen* Namen, an den er sich halten kann, den Namen dieses Menschen Jesus. ... Denn Menschenliebe, *Menschlichkeit* ist das, was wir von Gottes *Gottheit* erwarten dürfen.«[1] Es ist die feministische Theologie, die den Horizont wieder öffnet, wenn sie die Befreiung »aus dem Gefängnis einer Sprache (fordert), die zu klein ist für Gott«[2]. Aber auch sie nimmt in Anspruch, daß, wer oder was Gott ist, nirgendwo anders so konkret geworden ist wie in der Offenbarung durch Jesus Christus. Denn »der Vater im Himmel, den wir anrufen, ist nicht ›der unbekannte Gott‹.«[3] »Geheiligt werde dein Name« meint dann die Achtung und den Respekt vor bisheriger und die Offenheit für neue Erfahrung Gottes. Korrelationen sind unverkennbar.

Für Jugendliche verbinden sich ihr (Vor-)Name und sein Sinn mit der Identitätsfrage. Bei ähnlichen Übungen, wie im folgenden dargestellt, fanden wir, daß fast alle Mädchen und Jungen sehr genau über die Bedeutung ihres Vornamens Bescheid wissen. Manche mögen ihn, andere hassen ihn (und identifizieren sich lieber mit ihrem »Spitznamen«), die meisten haben mit ihrem Vornamen »ihren Frieden gemacht«. Ablehnung und Zustimmung werden mit Sätzen wie »so bin ich nicht« oder »ja, das sagt etwas über mich« begründet. Verräterisch ist auch das Gelächter der Gruppe, paßt die Bedeutung eines Namens so ganz und gar nicht zu ihrer Trägerin bzw. ihrem Träger. Namen sind für die Jugendlichen nicht beliebig und schon gar nicht einfach austauschbar, sondern Bestandteil dessen, was eine ist oder was einer nicht ist. Jeder Name hat eine Geschichte. Davon zeugen Vornamen-Bücher. Waren früher Dank und Wunsch, Lob des Schöpfers und Hoffnung für das neue Leben bei der Namengebung leitend und ist es später die Orientierung an »großen Persönlichkeiten«, so sind heute oft Erfahrungen mit einer Trägerin oder einem Träger des Namens oder schlicht Stimmungen und die Mode ausschlaggebend. In Deutschland wachen Standesämter streng darüber, daß Eltern dabei nicht zu kreativ werden. Max Frischs Satz, demnach »wir ... die Verfasser der anderen«[4] sind, dürfte auch in dem Sinne gelten, daß mit der Namengebung eine erste wichtige Entscheidung für die Zukunft gefällt wird. Wer unter seinem Vornamen leidet, weiß ein Lied davon zu singen. Der *unterrichtliche* Schritt zielt zunächst auf die Wahrnehmung und Würdigung der Namen aller Konfirmandinnen und Konfirmanden.

---

1 **Gerhard Ebeling,** a.a.O., S. 32f.
2 **Dorothee Sölle, Vom Gott-über-uns zum Gott-in-uns.** Gott im Denken feministischer Befreiungstheologie. In: Evangelische Kommentare 10 (1990), S. 614.
3 **Julius Schniewind, Das Evangelium nach Matthäus,** Göttingen 1964[7], S. 82 (Das Neue Testament Deutsch. Neues Göttinger Bibelwerk, Bd. 2, hg.v. Paul Althaus (u.a.)).
4 **Max Frisch, Tagebuch 1946-1949,** Frankfurt/M. 1950, S. 31.

Die erste Bitte | Sag mir, wie du heißt

MIT KONFIRMANDINNEN UND KONFIRMANDEN

Absicht
Die Jugendlichen beschäftigen sich mit den Namen (und Persönlichkeiten) ihrer Mitkonfirmandinnen und Mitkonfirmanden. Sie sollen auf diesem Weg dafür sensibilisiert werden, was »Geheiligt werde dein Name« in Bezug auf Gott bedeuten könnte.

Material
- Wandplakat mit der ersten Bitte des Vaterunsers.
- Wandplakat nach der Vorlage »Sag mir, wie Gott heißt«.
- Zettel mit Fragen für ein Partner-Interview nach dem Muster von »Sag mir, wie du heißt«.
- Die Erzählung »Gottes Name« (Denk mal nach ..., S. 136) bzw. Bibeln oder Textblätter mit Ex 3,1-14; dazu »Gottes Name«, S. 15).
- Collage-Karton für jede Konfirmandin und für jeden Konfirmanden, Illustrierte oder anderes Bildmaterial, Filzstifte oder Wachsmalkreide, Scheren, Klebstoff, Tesakrepp.
- Ein oder mehrere Vornamen-Bücher, z.B.:
Günther Drosdowski, Lexikon der Vornamen. Herkunft, Bedeutung und Gebrauch von mehreren tausend Vornamen, Mannheim/Wien/Zürich 1974² (Duden-Taschenbücher, Bd. 4) – Elke Gerr, Das große Vornamenbuch, München 1985 (humboldt-taschenbuch, Bd. 505) – Lutz Mackensen, Das große Buch der Vornamen. Herkunft, Ableitungen und Verbreitung, Frankfurt/M./Berlin 1987 (Ullstein Sachbuch, Nr. 34425) – Friedrich Wilhelm Weitershaus, Das Mosaik Vornamenbuch. 8000 Vornamen und ihre Bedeutung, München 1988 (Neubearbeitung).

Zeit
90 Minuten

Verlauf

1. Ein Plakat mit der ersten Bitte des Vaterunsers ist an der Wand, der Tafel, ... befestigt. »Wir wollen jetzt erst einmal mehr über *unsere* Namen in Erfahrung bringen. Wählt euch eine Partnerin oder einen Partner, über die oder den ihr gerne mehr wissen und mit deren oder dessen Namen ihr euch beschäftigen wollt.«

2. Wenn die Gruppe sich noch nicht lange oder auch zu gut kennt, ist möglicherweise eine Zufallswahl angebracht: Halb so viele Kärtchen, wie Konfirmandinnen und Konfirmanden teilnehmen, werden mit Worten aus dem Vaterunser beschriftet (»Vater«, »Himmel«, »Name« usw.), die Kärtchen werden halbiert, gemischt und verdeckt gezogen. Die Paare finden sich entsprechend zusammengehöriger Kartenhälften. (Alternatives Verfahren: Ein kleiner Beutel mit Knöpfen in der Anzahl der Konfirmandinnen und Konfirmanden geht herum. Jeweils zwei, bei ungerader Zahl einmal drei Knöpfe passen zusammen. Jede(r) greift in den Beutel und nimmt sich einen Knopf heraus. Die Paare und evtl. die Dreiergruppe setzen sich entsprechend zusammengehöriger Knöpfe zusammen.)

Sag mir, wie du heißt
1. Wie wirst du gerufen?
2. Ist das dein richtiger Name?
3. Hast du noch weitere Namen?
4. Wie geht es dir mit deinem Namen, magst du ihn?
5. Was bedeutet dein Name? Gibt es vielleicht eine Geschichte, die ihn erklärt?
6. Hat dein Name etwas mit deinem Wesen zu tun, trifft er auf dich zu?
7. Welche deiner Eigenschaften sollten sich deiner Ansicht nach (noch) in deinem Namen widerspiegeln?
8. Wie möchtest du am liebsten angesprochen werden?

Führt zunächst ein Gespräch mit eurer Partnerin, eurem Partner. Für ein solches Partner-Interview habe ich die Zettel ›Sag mir, wie du heißt‹ mit mehreren Fragen vorbereitet. Sie sollen euch anregen. Ihr könnt Fragen weglassen oder neue Fragen hinzufügen. Wer will, kann sich Notizen machen. 10 Minuten.

Fragen an Mose: Sag mir, wie Gott heißt
1. Wie wirst du Gott jetzt rufen?
2. Hat der neue Name Gottes etwas mit seinem Wesen zu tun, paßt er zu Gott?
3. Kennst du weitere Namen Gottes?
4. Gibt es auch für diese Namen Geschichten, die sie erklären?
5. Wie geht's dir, wenn du Gott bei seinem Namen rufst; was erwartest du von ihm?
6. Wie geht es Gott mit den Namen, mit denen Menschen ihn ansprechen; was erwartet er von uns?

3. Mit dem Gespräch habt ihr eine Collage vorbereitet, die jede und jeder zu dem Namen seiner Partnerin bzw. seines Partners anfertigen soll. Die Namen Eurer Partner sollen dabei groß herauskommen. Drumherum könnt ihr Fotos, Karikaturen, Zeichnungen, ... anordnen, die etwas über die Bedeutung der Namen oder auch das Wesen Eurer Partner verraten. Für diese Collage stehen zur Verfügung: Vornamen-Bücher zum Nachschlagen, für alle ein Stück Karton, Bildmaterial, ... 30 Minuten.

4. Die Collagen werden in Kleingruppen eine nach der anderen betrachtet und erläutert. Die Gruppenleiterinnen und Gruppenleiter müssen darauf achten, daß Verletzungen durch vermeintlich lustige Attribute und Bemerkungen *sofort* aufgefangen und bearbeitet werden. In der Regel frei-

lich gelingt der Schritt. Nicht zuletzt deshalb, weil jede und jeder gleichermaßen an die Reihe kommt. 30 Minuten.

5. Im Plenum wird Ex 3,1-14 gelesen. Bemerkungen und Fragen werden eingeordnet und zu beantworten versucht. Das Gespräch mündet in eine Beschäftigung mit dem Wandplakat »Fragen an Mose: ›Sag mir, wie Gott heißt‹«. Vielleicht hat jemand – evtl. auch eine kleine Gruppe – Lust, in die Rolle des Mose zu schlüpfen, sich befragen zu lassen und Antworten zu probieren. 20 Minuten.

GOTTES NAME

Die Erzählung Ex 3,1-14 enthält mit V. 14 die einzige Deutung des Jahwenamens im Alten Testament. Deshalb war sie für die Ausleger immer von besonderem Interesse. Dabei geschieht die Selbstoffenbarung Gottes eher beiläufig. Sie hat eine Funktion. Sie steht im Dienst der Befreiungsgeschichte der Israeliten, die mit der Berufung des Mose eingeleitet wird: Gott legitimiert seinen Boten mit seinem Namen. Besonnene Ausleger warnen davor, die grundsätzliche Bedeutung des »Ich werde sein, der ich sein werde« (Luther) bzw. des »Ich bin, der ich bin« (die meisten anderen Übersetzer) zu überschätzen.[5]

Das Ereignis beginnt während eines Weidewechsels mit einer Erscheinung auf »dem Berge Gottes, dem Horeb«, den wir leider nicht mehr eindeutig lokalisieren können.[6] Nur soviel scheint klar, daß der Ort schon vorher ein heiliger Ort gewesen sein muß, der sich durch eine besondere Naturerscheinung, die manche Ausleger an das Elmsfeuer erinnert, auszeichnet.[7] Eine allegorische Deutung des »brennenden Dornbusches« wird von niemandem mehr ernsthaft vertreten; allenfalls in der Form, daß »drumherumgeredet« wird: »Die Berufung ist einer der grundlegenden Vorgänge zwischen Gott und Mensch, von denen die Bibel berichtet. Sie ist im eigentlichen, im wesentlichen Sinn Wunder.«[8] Das Phänomen bewirkt Faszination und Erschrecken zugleich, klassische Strukturelemente einer Begegnung mit dem Heiligen und also jeder Gotteserscheinung. Moses Neugier ruft statt des »Engels des Herrn« Gott selbst auf den Plan. Moses Furcht führt dazu, daß er sein Angesicht verhüllt. Das Ausziehen der Schuhe ist die noch heute selbstverständliche Referenz des gläubigen Mohammedaners an die Heiligkeit einer Kultstätte. Mag der Wechsel von dem Engel zu Gott selbst auch in den beiden Quellenschriften (»Jahwist« und »Elohist«) begründet sein, die die »Endredakteure« benutzen, letztere machen deutlich, daß es hier um keinen anderen Gott geht als den, über den sie schon immer berichtet haben: »Ich bin der Gott deines Vaters ...« (V. 6).

Die folgende Berufung des Mose ist der eigentliche Kern der Passage. Bildhaft konkret der Jahwist: Gott ist »herniedergefahren«, um sein Volk aus dem Elend herauszuführen (V. 8). Dies soll Mose verkünden. Distanzierter der Elohist: Gott sendet ihn, Mose, die Kinder Israel aus Ägypten herauszuführen (V. 10). Dessen Vollmacht ist zunächst nichts anderes als das Versprechen Gottes »Ich will mit dir sein« (V. 12).

Aber »nach altorientalischer Auffassung gehört zur Existenz notwendig der ›Name‹ des Existierenden, und von einer Wirklichkeit weiß man nur, wenn man ihren ›Namen‹ zu nennen weiß«[9]. Mose will ihn wissen. Er erhält den sibyllinischen Eigennamen »Jahwe« (V. 15!) und eine ihn deutende Umschreibung (V. 14).[10] Letztere kann grammatisch völlig richtig, sowohl philosophisch-aseisch (Gottes Sein an und für sich; so schon die lateinische Übersetzung des Alten Testamentes, die Septuaginta) als auch eschatologisch (Gottes Werden) interpretiert werden. Es ist der Kontext, d.h. die Zukunftsbezogenheit und Geschichtsmächtigkeit des Jahweglaubens,[11] der den Ausschlag dafür gibt, die zweite Variante zu bevorzugen. Der Wortstamm des Verbs drückt »ein Wirksam-Sein«[12] »ein wirkendes Sein: ich werde (für euch) dasein«[13] aus. »So legt sich die nicht nur gut situationsbezogene, sondern auch zum Denken des ganzen Alten Testamentes passende Übersetzung nahe: ›Ich bin der, als der ich mich erweisen werde‹ – das heißt: ›Ihr werdet an meinen zukünftigen (!) Worten und Taten erkennen, daß und wie ich euer Gott bin und sein werde und will.‹«[14] Wenn schon, trotz der oben angeführten Bedenken, eine generalisierende Einsicht aus dieser Berufungsgeschichte abzuleiten ist, kann sie nur lauten: Die Bibel hat kein Interesse an Gottes An-und-für-sich-Sein. Sie redet von Gott immer so, daß seine Bedeutung für uns und seine Beziehung zu uns zum Ausdruck kommen.[15] Darauf dürfen wir Gott ansprechen!

MIT ERWACHSENEN

Material

- Textblätter mit Ex 3,1-14, so getippt oder kopiert, daß um den Bibeltext herum Platz für Zeichen und Bemerkungen ist, und Bleistifte.
- Text von Bernhard Wilde (Denk mal nach ..., S. 137) oder die »Briefe aus Babylon«, S. 18.

---

5 **Gerhard von Rad, Theologie des Alten Testaments.** I. Die Theologie der geschichtlichen Überlieferungen Israels, München 1966⁵, S. 194 (Einführung in die Evangelische Theologie, Bd. 1).
6 Vgl. **Martin Noth, Geschichte Israels**, Göttingen 1963⁵, S. 120ff.
7 Nach **Martin Noth, Das zweite Buch Mose. Exodus**, Göttingen 1961², S. 26 (Das Alte Testament Deutsch. Neues Göttinger Bibelwerk, Bd. 5, hg.v. Artur Weiser [u.a.]).
8 **Claus Westermann, Tausend Jahre und ein Tag. Unsere Zeit im Alten Testament**, Stuttgart 1962⁴, S. 76.
9 **Martin Noth, Das zweite Buch Mose**, a.a.O., S. 29.
10 Mit Claus Westermann, a.a.O., S. 77f.
11 Vgl. **Horst Dietrich Preuß, Jahweglaube und Zukunftserwartung**, Stuttgart (u.a.) 1968, S. 13ff. (Beiträge zur Wissenschaft vom Alten und Neuen Testament. Fünfte Folge, H. 7, hg.v. Karl Heinrich Rengstorf und Leonhard Rost).
12 **Martin Noth, Das zweite Buch Mose**, a.a.O., S. 31.
13 Gerhard von Rad, a.a.O., S. 194.
14 Horst Dietrich Preuß, a.a.O., S. 16.
15 **Mit Christoph Bartels/Rolf Thoma, 2. Mose 3,1-10.13-14: Der mit uns sein wird.** In: Predigtstudien III/1, hg.v. Ernst Lange (u.a.), Stuttgart/Berlin 1968², S. 147.

18 | Die erste Bitte | Sag mir, wie du heißt

Verlauf

→ *Für Erwachsene* wird alternativ zur Arbeit mit den Konfirmandinnen und Konfirmanden, die von der Gestaltung der Collage bestimmt ist, eine Bibelarbeit mit Ex 3,1-14 nach der »Västerås-Methode«[16] vorgeschlagen. Die Gruppe teilt sich in Kleingruppen (4-6 Teilnehmerinnen und Teilnehmer). Jede(r) bekommt ein Textblatt und einen Bleistift, liest den Text zunächst für sich und setzt dabei Symbole an die Ränder:

- ? für: Mir ist etwas unklar; ich möchte an die anderen eine Frage stellen;
- 🕯 für: Mir ist etwas klar geworden; mir leuchtet etwas ein;
- ♡ für: Ich bin gemeint; ich komme mit ... in dem Text vor;
- ☹ für: Mich ärgert etwas; ich bin wütend über ...

Nach der Einzellektüre liest eine(r) den Text satz- bzw. versweise vor. Jede(r) *kann* sagen, wo sie bzw. er welches Symbol gesetzt hat und was ihr bzw. ihm dabei durch den Kopf ging. Die Gruppe versucht gemeinsam, Antworten auf die aufgeworfenen Fragen zu finden, sich mit dem, was einzelnen klar geworden ist, zu ergänzen usw. Die »Experten« halten sich möglichst zurück und nehmen keine Auslegungen vorweg, auf die andere Gruppenmitglieder von sich aus kommen könnten. Sie greifen ein, wenn das Gespräch stockt und wenn historisch-kritische Bemerkungen unerläßlich erscheinen. – Wieder im Plenum, *kann* jede(e) ihren bzw. seinen wichtigsten Satz aus der Gruppenarbeit nennen. Zum Abschluß werden entweder der Text von Bernhard Wilde (»Wenn Gott menschlich wäre, ...wie ginge es ihm mit den vielen Namen, die ihm gegeben werden?«) oder die »Briefe aus Babylon« gelesen (»Welche neuen Namen für Gott können wir nennen, die unseren heutigen Erfahrungen entsprechen?«).

BRIEFE AUS BABYLON

Bei Ausgrabungen in der Nähe der früheren Stadt Babylon sind unlängst zwei bemerkenswerte Briefe gefunden worden. Leider ist das zweite Schriftstück nur ein Fragment: Anfang und Ende sind verstümmelt.

1.

Deinen Vergleich, daß Gott wie eine Mutter sei, die uns in ihre Hände gezeichnet habe und also nicht vergessen könne – Deinen Vergleich finde ich höchst unpassend! Abgesehen davon, daß ich den Gedanken ›Gott als Frau‹ daneben finde, entspricht er schlicht nicht meinem Lebensgefühl. Weißt Du, lieber Freund, je älter ich werde, desto schwerer wird die Last auf meinen Schultern. Wo sind sie hin, die Tage, an denen ich morgens aufgewacht bin, und alles war klar und hell und freundlich wie die aufgehende Sonne? Es ist ja nicht nur der Körper, der hier zwickt und da zwackt. Es sind die Widersprüche unseres Lebens in dieser Stadt, die beschweren und drücken: Ich habe felsenfest damit gerechnet, daß am Ende alle zu uns kommen werden. Tatsächlich mußten wir selbst eine lange Reise antreten; wie es aussieht, eine Reise ohne Wiederkehr. Ich träumte davon, daß unser Gott mit uns und unserer Stadt einen so gewaltigen Eindruck auf unsere Nachbarn machen wird, daß diese in Scharen und staunend zusammenströmen wird. Erfahren mußten wir, daß die Hochgebaute dem Erdboden gleichgemacht wird. Ich habe geglaubt, daß ER, sein Name sei gelobt, nicht nur uns, dir, mir, ... zu meinem Recht verhelfen werde, sondern aller Welt. Am eigenen Leibe erleben wir nun schon 47 lange Jahre, wie sich rechtlose Ausländer im fremden Lande fühlen. Sag selbst, paßt da noch irgendwas zusammen? Glaube und Erfahrung, das sind doch heutzutage zwei verschiedene Schuhe! Soll ich dir sagen, wie ich mich fühle? Der Herr hat mich verlassen, der Herr hat meiner vergessen, wie der Prophet sagt! – Gehab Dich wohl!

2.

... politisch sage ich – nein, schreibe ich nur ein Wort: Kyros! Du wirst sehen! Wir alle werden sehen! Mehr noch: Wir werden heimkehren! Wir werden die Stadt wieder aufbauen! Wir werden das neue Jerusalem mit Freuden betreten und bewohnen! – Es ist übrigens nicht ›mein Vergleich‹, das mit ›Gott ist wie eine Mutter‹. Das Bild ist älter als die Lebensalter der Mitglieder unserer Familien zusammengerechnet. Es stammt aus der Überlieferung der Zionisten und wird uns von Jesaja überliefert: Bringt es eine Mutter fertig, ihren Säugling zu vergessen? Muß sie nicht mit ihrem eigenen Kind Mitleid haben? Und selbst wenn sie es vergessen könnte, ich vergesse euch nicht! Jerusalem, ich habe deinen Namen und den Grundriß deiner Mauern unauslöschlich in meine Hände eingezeichnet. Irgendwann hat diese Vorstellung der Lebenserfahrung unserer Mütter und Väter entsprochen. Du schreibst, daß Du das nicht mehr nachvollziehen kannst. Das verstehe ich gut. Aber schau, Dein Satz ›Der Herr hat mich verlassen, der Herr hat meiner vergessen!‹ rechnet mit Gott! Nur anders als überliefert! Solange wir diese Voraussetzung teilen, sage ich dir: Die Worte der Altvordern benennen die Erfahrungen von gestern und wollen uns oft – je nachdem, wer sie rezitiert – an sie binden. Befreie Dich aus dem Gefängnis einer Sprache, die zu klein ist für Gott, und finde neue Vergleiche, neue Bilder, die Deiner Erfahrung gerecht werden, die die Widersprüche – wo möglich – zusammenbringen! Finde Deine Bilder! Verlaß die gesicherten Formulierungen, wage das Neue! Trau' Dich und werde dem Prozeß des Lebens gerecht, der da lautet: ›Ich werde sein, der ich sein werde‹. Nicht das Geschlecht wird hier definiert, sondern daß er, sie, es sich verändert. Daß sie Vergangenheit und Gegenwart überschreiten. Daß sie werden. Gib ihnen eine Chance! Finde Deine Bilder! Gott ist so groß, unsere Sprache ist so mächtig, daß auch für Dich und Deine Erfahrung ... achte besonders in diesen Tagen ... Du wirst sehen ...

---

[16] **Nach Willi Erl/Fritz Gaiser, Neue Methoden der Bibelarbeit,** Tübingen 1969[5] (1987[8]), S. 109ff. (modifiziert).

Die zweite Bitte

Dein Reich komme.

Ich rufe nach Zukunft

Monika Sieveking, Altarbild der Martin-Luther-Gemeinde, Berlin, Neukölln, 1984

Gottes Reich ist da, wo Jesus Christus gegenwärtig ist: im Leiden der geringsten Schwestern und Brüder, wo in seinem Namen gebetet und gearbeitet wird, wo Wein und Brot zu seinem Gedächtnis geteilt werden. Die Bitte um das Kommen der Gottesherrschaft ist die Bitte darum, daß Leiden überwunden, Gebet und Arbeit nicht vergeblich und Jesu Gegenwart unter uns immer wieder leibhaftig erfahren werde. *Gottes Reich steht aus:* als Durchsetzung seines Willens zum Leben, als Sättigung aller Hungrigen, als Überwindung des Bösen und vor allem als Anbruch – oder wie auch immer – eines neuen Himmels und einer neuen Erde. Die Bitte um das Kommen der Gottesherrschaft ist die Bitte um eine noch nie dagewesene Welt, die Bitte all derer, die sich nicht mit dem Vorfindlichen abfinden und abspeisen lassen wollen: mit Leid und Tod, mit Unrecht und Selbstbedienungsmentalität, mit Ausbeutung und Abhängigkeit. »Jede Bitte des Unser-Vaters ist ein solcher Ruf nach Zukunft; um der drohenden Zukunftslosigkeit des Menschen willen der Ruf nach der Zukunft Gottes.«[1]

Konkrete Zukunftserwartungen Jugendlicher sind vor allem individualistisch geprägt. Manchmal sind sie, orientiert an Konsum und Karriere, viel zu optimistisch. Uns erscheinen solche Perspektiven suspekt. Die erwachsenen »Wenn« und »Aber« gehen uns schnell von den Lippen. Angesichts der Tatsache aber, daß es nicht wenige Jugendliche gibt, bei denen Perspektivlosigkeit nicht nur subjektiv, sondern auch objektiv überwiegt, scheint Zurückhaltung angebracht. Letzteren gegenüber verbieten wir uns auch das oberflächliche »Wird schon werden!«. Daß die Jugendlichen nicht nur materialistisch ausgerichtet sind, wird u. a. auch daran deutlich, daß in Gruppen von Konfirmandinnen und Konfirmanden in der letzten Zeit auf die Frage nach dem »größten Zukunftswunsch« häufig geäußert wird, »daß ich mit meiner Meinung und meinem Willen respektiert werde«. Darüber hinaus sind die Konfirmandinnen und Konfirmanden eher skeptisch. Unabhängig davon, wie die persönlichen Zukunftsaussichten eingeschätzt werden, herrschen im Blick auf globale Zusammenhänge (Umwelt, Frieden, Weltwirtschaft) pessimistische und resignative Beurteilungen vor. Die Welt, die wir ihnen hinterlassen werden, bietet wenig, was argumentativ dagegengesetzt werden kann. So ist die Bitte um einen neuen Himmel und eine neue Erde jugendlichem Empfinden sehr nahe. Schwieriger ist es demgegenüber, etwas von der »eschatologischen Doppelbotschaft« der traditionellen Reich Gottes-Erwartung (die Gottesherrschaft ist da; sie steht aus; »schon und noch nicht«) zu vermitteln. Vielleicht gelingt es dennoch, wenn auch keine Brücke, so doch einen Steg des Verstehens zwischen dem, was ist, und dem, was wir erbitten und erhoffen können, zu schlagen.

---

1 **Gerhard Ebeling**, a.a.O., S. 36f.

Die zweite Bitte | Ich rufe nach Zukunft

MIT KONFIRMANDINNEN UND KONFIRMANDEN

Absicht

Die Konfirmandinnen und Konfirmanden sollen Perspektiven für eine gerechte neue Welt Gottes und der Menschen entwickeln, die die eigenen, mehr oder weniger realen, optimistischen oder pessimistischen Zukunftshoffnungen ergänzen und erweitern.

Material

- Wandplakat mit der zweiten Bitte des Vaterunsers.
- Wandplakat mit den »Fragen für den ›Lebensstrahl‹« (s.u.).
- Die beigefügte Folie »Monika Sieveking, Altarbild« M 2; Overhead-Projektor (Tageslichtschreiber; Polylux®); evtl. Pappstreifen oder Tonpapiermasken zum Abdecken.
- Je 3 DIN A 4-Blätter in Anzahl der Konfirmandinnen und Konfirmanden, der Länge nach zusammengeklebt (oder entsprechend große Stücke einer Tapeten-/Packpapierrolle), Buntstifte.

Fragen für den ›Lebensstrahl‹
1. *Wie ist dein Leben bisher verlaufen, an welche wichtigen Ereignisse erinnerst du dich?*
2. *Wenn du die nächsten zehn Jahre vorausblickst, welche für dich entscheidenden Ereignisse sollen eintreten?*
3. *Welche Menschen haben dich bisher begleitet, welche sollen dich in Zukunft begleiten?*

Zeit

90 Minuten

Verlauf

1. Die Plakate »Dein Reich komme« und »Fragen für den ›Lebensstrahl‹« hängen für alle sichtbar an der Wand. Alle sollten so an Tischen sitzen oder auf dem Fußboden lagern, daß sie den Papier-, Tapeten-bzw. Packpapierstreifen quer vor sich liegen haben. Jede(r) hat mehrere verschiedenfarbige Buntstifte zur Verfügung.
»Wir beginnen unsere Überlegungen zu der Bitte um das Reich Gottes damit, daß wir uns zunächst einen Überblick über unsere Lebenszeit verschaffen. Zieht bitte in der Mitte des Papierstreifens der Länge nach einen Strich und teilt ihn mit zwei kleinen Markierungen in drei gleichgroße Teile. Tragt links am Anfang des Striches eine Null und rechts am Ende eine Dreißig ein. Ihr könnt jetzt die dazwischenliegenden Markierungen mit »10« und »20« beschriften und weitere Unterteilungen, also »5«, »15« und »25«, vornehmen. Wer will, kann zusätzlich sein Geburtsjahr, sein Geburtsjahr plus fünf usw. notieren.
Wir haben jetzt alle einen Zeitstrahl vor uns. Um aus diesem Zeitstrahl einen ›Lebensstrahl‹ zu machen, bitte ich jede und jeden, die Fragen auf dem Plakat für sich zu bedenken und entsprechende Stichwörter, Symbole und kleine Zeichnungen auf dem Papierstreifen zu vermerken. Wir machen diese Arbeit jede und jeder für sich. Wer will, kann seine Erinnerungen, Wünsche und Befürchtungen auch verschlüsseln. Was davon veröffentlicht wird, entscheiden alle später.«[2] 30 Minuten.

2. »Wir wollen uns in kleinen Gruppen zu viert zusammensetzen. Eine oder einer beginnt bei einem ›Lebensstrahl‹, den sie oder er nicht angefertigt hat, mit ›Ich sehe ...‹-Sätzen.[3] Es ist wichtig, daß alle Sätze so und nicht anders anfangen, damit wir nicht vorschnell bewerten und deuten. Die anderen ergänzen. Am Ende jeder Besprechung kann die Zeichnerin oder der Zeichner selbst sagen, was sie oder ihn bewegt hat.« 30 Minuten.

3. Die Folie von Monika Sieveking, »Altarbild«, wird so an eine weiße Fläche projiziert, daß das Bild möglichst nicht verformt wird. Die Künstlerin arbeitet mit perspektivischen Verzerrungen, die nicht mehr zum Ausdruck kommen, wenn die Projektion – wie es bei einem schnellen, »fliegenden« Aufbau leicht passiert – trapezförmig erfolgt (unten schmal, oben breit). Alle müssen es gut sehen können. Mit Hilfe mehrerer Pappstreifen können Teile des Bildes abgedeckt werden, um sich auf einzelne Szenen konzentrieren zu können. Wer die »Umbaupausen« verkürzen will, schneidet sich aus Tonpapier Rahmen, passend zu den gewünschten Ausschnitten. Das Bild sollte erst für sich sprechen dürfen (vgl. die Überlegungen zur »Bildbetrachtung«, S. 12f.). Daher ist es wichtig, daß die Bezüge zu den Zukunftserwartungen und Zukunftsbefürchtungen der Jugendlichen ebenso an das Ende der Betrachtung gestellt werden, wie Verknüpfungen mit übergreifenden Themen (»Mahl der Völker«, Abendmahl, Reich Gottes). 30 Minuten.

---

2 Nach: Klaus W. Vopel, **Interaktionsspiele für Jugendliche, Bd. 4,** Hamburg 1981, S. 26-28 (Übung Nr. 9).
3 Vgl. die **»Ich sehe«-Regel,** S. 13.

MONIKA SIEVEKING, ALTARBILD

☞ **Gegen den Trend** – sowohl im katholischen als auch im evangelischen Bereich[4] – haben die Gemeinde und die Künstlerin 1984 ein Altarbild geschaffen, das durch die Dreiteilung an die mittelalterlichen »Flügelretabeln« anknüpft. Die drei Partien des Bildes sind in sich selbständige Kompositionen, die durch Farben und Motive miteinander verklammert sind.

Der – von Betrachterin oder Betrachter aus gesehen – linke Flügel fesselt zunächst durch die dominanten Figuren im Vordergrund: Ein junger Mann in Lederkleidung mit Irokesen-Haarschnitt. Eine junge Frau, rot gekleidet, die ihn umarmt. Gesichter, Schultern, Becken und Haltungen legen die Zuordnung der Geschlechter nahe. Beide scheinen Betrachterin oder Betrachter anzusehen. Ist das eine Warnung nach dem Motto »Komm uns nicht zu nahe!« oder handelt es sich um einen Abschied und einen »Blick zurück«? Die beiden anderen Figuren der Szene wirken, verglichen mit dem Paar, schattenhaft, treten hinter es zurück: Ein blondes Kind, ängstlich (?) versteckt hinter der Tür. Es begegnet in allen drei Teilen des Bildes und ist so Identifikationsfigur für Kinder. Eine alte Frau, die sich zu einem Dackel bückt und mit der linken Hand eine bergende Bewegung andeutet. Auch diese beiden gehören zusammen! Die vier, nein, fünf Wesen befinden sich in einem Hausflur, dessen Tür weit geöffnet ist. Von draußen fällt Licht herein und wirft links und rechts an Betrachterin und Betrachter vorbei Schatten. Ein Mann entfernt sich auf der Straße. Tauben flattern. Friedens- und Hoffnungssymbol zugleich, scheinen sie durch eine Öffnung des auch ansonsten irreal dargestellten Daches, wenn nicht in das Haus, so doch in das Bewußtsein der Menschen zu drängen, die es beherbergt. Eigenartig die fokussierende Perspektive der Straße, die die Häuser von rechts und links aufeinander zustreben läßt.

Eine offene Tür füllt auch den rechten Flügel des Bildes fast aus. Diesmal schauen Betrachterin und Betrachter von außen in einen dunklen Obst- und Gemüseladen, der nach der Auslage südländische Produkte feilbietet. Der stiernackige Mann, im linken Bild im Gehen begriffen, steht hier in dem Geschäft, wieder Betrachterin oder Betrachter den Rücken zukehrend. Das blonde Kind versteckt sich auf dieser Seite nicht. Es sitzt draußen vor dem Geschäft, fast nackt. Ungeschützt, angstfrei, selbstvergessen kann es vor dem Laden spielen. Eine Frau, dunkelhäutig, mit Pluderhose unter einem bunten Kleid und mit einem Kopftuch, ein Kleinkind auf dem Arm, schaut ihm zu. Ihr Kind wirkt ungewöhnlich entspannt und zufrieden. Im Kontrast dazu drei Leute, die aus verschieden Fenstern des Eckhauses schauen: Sie blicken irgendwie sorgenvoll. Unter dem linken Fenster ein Graffito mit »Redaktionsgeschichte« »T̶Ü̶R̶K̶E̶N̶ NAZIS RAUS«.

Der Mittelteil des Bildes bietet einen Blick auf ein festliches Mahl auf einem öffentlichen Platz. Viele Attribute und Motive begegnen Betrachterin oder Betrachter wieder: Tauben; Menschen, die aus dem Fenster sehen und freundlich zuschauen; Irokesen; das blonde Kind im Vordergrund rechts; eine muslimisch gekleidete Frau; südländische Früchte; selbst die fokussierende Perspektive der Straße wird wiederholt. Hinzu kommen ein Schwarzer, eine Behinderte, ein Vater mit Kind auf den Schultern, ein südländischer Mann, ein lesendes Paar, eine Schlafende, ein flötespielender dunkelhäutiger Junge, ein Intellektueller, ... Das Auge wird nicht satt zu schauen. Satt freilich müssen die Feiernden sein. So satt, daß ein glückstrahlendes Kind ungehindert einen ganzen Laib Brot wohin auch immer mitnehmen darf. Der übermächtige Lebensbaum, so gewaltig, daß er aus dem Bilde hinausdrängt, überlagert und beschützt die Szene. Ein Blick an den Rand lohnt: Rechts ist ein Märchenpark zu erkennen. Eine Prinzessin, phantastische Blumen, eine Schlange, ... jetzt vereinsamt. Werden sie nicht mehr gebraucht? Sind mit dem gemeinsamen Mahl der so verschiedenartigen Menschen alle Märchenträume wahr geworden?

Das Bild beschreibt nicht einfach ein Straßenfest inmitten einer multikulturellen Umgebung. Es ist als Altarbild entworfen und interpretiert den Tisch, über dem es angebracht ist, als eucharistischen Tisch. Eine »Altardecke«, Brot und Wein sind wohl vorhanden. Aber da sind auch noch Fische, Melonen, Äpfel, Tee ... und Gebetsteppiche, die friedlich in die Szene ragen. Vielleicht will die Darstellung darauf hinaus, daß das, was im Abendmahl beginnt, am Ende unserer Zeit in jenem Fest aller Völker vollendet werden wird, das Gott bereitet und das darin gipfelt, daß »der Herr den Tod auf ewig verschlingen und die Tränen von allen Angesichtern abwischen wird« (Jes 25,8; umgestellt).

---

4 Vgl. Hilde Claussen (u.a.), Art. Altar III. Im Christentum A. Geschichtlich. In: RGG³, Bd. I (1957), Sp. 255-262.

MIT ERWACHSENEN

Material

- Die beigefügte Folie »Monika Sieveking, Altarbild« **M 2**.
- Overhead-Projektor (Tageslichtschreiber; Polylux®).
- Evtl. Pappstreifen oder Tonpapiermasken zum Abdecken.
- Das Unterrichtsbuch »Denk mal nach... mit Luther«.
- Notizzettel und Bleistifte in Anzahl der Teilnehmerinnen und Teilnehmer.

Verlauf

Der Austausch über die »Lebensstrahlen« mit Erwachsenen sprengt leicht den üblichen Zeitrahmen eines gemeindlichen Gesprächsabends.[5] Soll deshalb nicht lebensgeschichtlich gearbeitet werden, bietet sich folgende Alternative an, wenn eine ausreichende Anzahl Unterrichtsbücher vorhanden ist: »Ich bitte sie, das Buch, einen Zettel und einen Stift zur Hand zu nehmen. Die Seiten 140 bis 145 handeln von unserem heutigen Thema. Bitte schauen sie sich die Bilder und die Texte in Ruhe an und notieren sie sich in Stichworten alle Zukunftsvorstellungen, die sie entdecken können.« – Das Gespräch über die Notizen könnte für eine gewisse Zeit von den Inhalten der Naomi-Geschichte (S. 142f.) bestimmt werden. Wahrscheinlich lösen sie eine längere Debatte aus. Der Hinweis, daß die Erzählung auf den aaronitischen Segen ziele (drittletzter Absatz; vgl. Num 6,24-26), darf die Betroffenheit nicht vorschnell nivellieren wollen. Die Spannung, die die Verfasserinnen und Verfasser des Unterrichtsbuches in dem Abschnitt aufgebaut haben, regt auf: Es ist immer noch eine blutige und schuldbeladene Welt, hinter deren dunklen Wolken wir Gottes Reich sehen wollen. Es kann situationsangemessen sein, die weitere Planung zurückzustellen. Andernfalls setzt das anschließende Betrachten des Altarbildes Gegenakzente.

ANREGUNG FÜR EINEN GOTTESDIENST

»Wenn ich am Sonntag das Fürbittengebet zu sprechen hätte, würde ich Gott im Blick auf seine und unsere Zukunft bitten um ...« Einen entsprechenden Satz notieren und reihum nennen. Die Sätze werden – Einverständnis vorausgesetzt – für die Gestaltung der Fürbitte im nächsten Gottesdienst verwandt. Auf diesem Wege ist in der Berliner Kirchengemeinde Konradshöhe-Tegelort während der Bibelwoche 1994 folgendes Gebet entstanden:

Fürbitte für die Menschen in der Stadt

Gott, unser Vater, du allein weißt, wie sehr eine jede und ein jeder von uns mit sich selbst zu tun hat und oft alleine ist mit Wünschen und Sorgen, mit Fragen und Ängsten.
Oft erschrecken wir angesichts der Entwicklung des Zusammenlebens in Welt und Gesellschaft, in unserer Stadt und in unseren Familien.
Manchmal blicken wir auch auf unseren Weg zurück und suchen die Lösung aller Probleme in der Vergangenheit.

Gib uns die Kraft, uns der Gegenwart zu stellen und ihre Herausforderungen anzunehmen,
in unseren Familien empfindlich füreinander zu bleiben und durch den täglichen Streß nicht zu verhärten,
nicht aufzuhören, an der Gestaltung des Zusammenlebens in unserem Ortsteil und in unserer Stadt mitzuarbeiten und unsere Stimmen zu erheben und uns einzumischen,
einen wachen Verstand und ein gerechtes Urteil von denen zu erwarten, die in unserem Auftrag und in unserem Namen zu beraten und zu entscheiden haben.

Wir bitten um gütige Menschen in dieser Stadt, die sich anrühren lassen von der Not ihrer Mitmenschen und von der Angst derer, die zu uns geflohen sind.

Wir glauben, daß dein Reich kommt. Hilf uns,
unseren Blick immer wieder nach vorne zu wenden auf das heilvolle Leben, das du in Jesus Christus unter uns eröffnet hast.
und uns als Christen bewußt zu bleiben, wer wir sind und was wir tun können – um Christi willen.

Amen.

---

[5] Besonders intensiv waren die Gespräche stets *in gemischten Gruppen* von Jugendlichen und Erwachsenen.

Die dritte Bitte

Dein Wille geschehe, wie im Himmel, so auf Erden.

Gott will Leben

Graffiti »Golgatha«, Berlin-Kreuzberg, 1988
Foto: Karl-Heinz Horn, Berlin

»**Wie geschieht das?** Wenn Gott allen bösen Rat und Willen bricht und hindert, ...« (Erklärung zur dritten Bitte; siehe »Denk mal nach ...«, S. 125f.). M. Luther hat in seiner Erklärung die dritte Bitte so verstanden, daß Gott sich mit seinem Willen zum Heil durchsetzen möge. Es geht darum, »daß alle Herrschaft der dunklen Mächte gebrochen werden möge und auch die Gott widerstrebenden Mächte der unsichtbaren Welt besiegt werden«[1]. Luther differenziert das Gegenüber als »der Teufel, die Welt und unsres Fleisches Wille« – eine Trias, die in der Erklärung der sechsten Bitte wiederholt wird und dort den Schluß nahelegt, daß Luther die drei gegengöttlichen Kräfte als integrale Bestandteile der Weltordnung begreift. »›Himmel und Erde‹ – das ist in der Sprache der Bibel: die Welt. ›Dein Wille geschehe in der Welt!‹ ... Wir befinden uns alle miteinander in diesem Gott-Welt-Geschehen, ob wir es wahrhaben wollen oder nicht. ... Der Himmel komme auf die Erde und die Erde werde zum Himmel. Das Reich des Widerwillens gegen Gott werde gebrochen, der Wille Gottes geschehe auch an uns und durch uns und um uns her offenbar.«[2]

Offensichtlich gibt es für die Interpretation der dritten Bitte eine Falle, in die auch immer wieder Theologinnen und Theologen tappen: »So rufen wir ihn an und bitten, daß wir ihm nicht im Wege stehen und, was geschieht, aus seinen Händen nehmen« (Denk mal nach ..., S. 146). Solch ein quietistischer Perspektivwechsel ist aber im Vaterunser nicht gemeint! »Man wird dieser Bitte nicht gerecht, wenn man sie auf ein leidendes Dulden des göttlichen Willens bezieht. ... Der Wille Gottes will *getan* sein.«[3] Dabei ist selbstverständlich zu unterscheiden zwischen der Lebensauffassung des Vaters eines mongoloiden Kindes, wie sie in der Erzählung »Das Leben des Christoph B.« (Denk mal nach ..., S. 152) herauszuhören ist und unsere Achtung und unseren Respekt verdient, und einer generalisierenden und pädagogisierenden Tendenz in Richtung »Ertrage geduldig Gottes Willen!«. Solche Aussage haben die Jugendlichen (?) mit an Sicherheit grenzender Wahrscheinlichkeit jedenfalls nicht im Kopf gehabt, die den Graffito »Golgatha« (Denk mal nach ..., S. 146f.) an jene Kreuzberger Wand gemalt haben!

Jugendlichen ist erst einmal wichtig, daß *ihr* Wille geschieht! Oder wenigstens, daß er beachtet wird. Nicht einmal das erleben sie in der Welt der Erwachsenen oft. Meistens wird ihnen abverlangt, daß sie um größerer, von Erwachsenen vertretener Ziele willen zurückstecken sollen. Nicht wenige resignieren und beschränken sich auf die Verwirklichung privaten Glücks. Andere agieren nur noch aggressiv. Aber die weitaus meisten bleiben doch nachdenklich. Vielen ist nicht egal, was aus unserer Welt wird. Etliche engagieren sich oder würden sich einsetzen, fänden sich andere, die sie motivierten und mitzögen. Immer vorausgesetzt, die Ziele leuchten ihnen ein! Selbst wenn der christliche Glaube, von Kirche ganz zu schweigen, keine große Rolle in ihrem Leben spielt, interessiert viele die Frage nach der Gerechtigkeit Gottes.

Die durch das Unterrichtsbuch vorgegebenen biblischen Paradigmata – Jona und Jesus – stimmen in einem überein: Gott will nicht das Verderben der Sünder. Ninive wird nicht vernichtet. Die Kreuzigung Jesu ist das Ende aller menschlichen Opfer zur Versöhnung Gottes. Außerdem hat Gott jenem »Kreuzige ihn!« (Lk 23,21) noch einen anderen Willen entgegengesetzt: Gott will Leben.

Beide Beispiele verbindet ferner, daß göttlicher Entschluß sich durchsetzt: Der Wille des einen Protagonisten wird gebrochen, der des anderen von ihm selbst dem höheren untergeordnet: »Nicht mein, sondern dein Wille geschehe« (Lk 22,42). Das ist für die Arbeit mit Jugendlichen eine Falle, der sich Unterrichtende bewußt sein müssen (s. o.)!

---

1 **Julius Schniewind,** a.a.O., S. 84.
2 **Gerhard Ebeling,** a.a.O., S. 47, 50 und 57.
3 **Julius Schniewind,** a.a.O., S. 83 (Hervorhebung durch den Vf.).

MIT KONFIRMANDINNEN UND KONFIRMANDEN

Absicht

Darüber ins Gespräch kommen, was der Wille Gottes für die Welt und die Menschen ist: *Was* will Gott?

Material

- Wandplakat mit der dritten Bitte des Vaterunsers.
- Mindestens zehn Symbolsätze nach Muster, aus buntem Tonpapier ausgeschnitten.

```
Symbolsatz

●   Person, Personengruppe

▲   Absicht, Vorhaben, Aufgabe

═   positive Beziehung, Einstellung

━   negative Beziehung, Einstellung
```

- Wandplakat »Symbolsatz«, entweder auf DIN A 2 (~ 40 x 60 cm) vergrößert oder auf ein entsprechend großes Stück Packpapier übertragen.
- Die beigefügte Folie mit dem Graffito »Golgatha« M 3; Overhead-Projektor (Tageslichtschreiber; Polylux®); evtl. Pappstreifen oder Tonpapiermasken zum Abdecken.
- Bibeln.
- Die Erzählung »Nicht mit mir Gott!« von J. Koerver (Denk mal nach ..., S. 149ff.); dazu »Jona«, S. 25.
- Einen hellfarbigen Tonpapierbogen (ca. DIN A 2 [~ 40 x 60 cm]), Stifte und Klebstoff.

Zeit

90 Minuten

Verlauf

1. Die Plakate mit der dritten Bitte und den Symbolen sind für alle sichtbar aufgehängt. Nach einführenden Worten wird Koervers Geschichte – möglichst mit einigen Modifikationen (s. »Jona«, S. 25) – in Abschnitten vorgelesen oder erzählt. Sie wird durch Konfirmandinnen- bzw. Konfirmandenerzählungen und durch gemeinsame Bibellese ergänzt. Erzählen/Zuhören und Lektüre werden immer wieder unterbrochen; in den Pausen zwischen den Sinnabschnitten soll in gemeinsamer Arbeit ein Schaubild entstehen. Die Einleitung könnte lauten: »Wir wollen heute dem Jona-Buch der hebräischen Bibel nachgehen. Wir beginnen damit, daß ich euch eine Geschichte erzähle, später werden wir in der Bibel nachlesen, wie sie ausgeht. Dabei wollen wir mit Hilfe von Symbolen für Personen, Absichten und positiven und negativen Beziehungen ein Schaubild herstellen: ›Wer will wann was – und wie stehen die anderen dazu?‹ Weil die Geschichte und die Bibel sehr menschlich von Gott erzählen, dürfen wir für ihn ebenfalls ein Personensymbol nehmen, also einen Kreis.«

Für diesen Schritt sind insgesamt 60 Minuten einzuplanen. Die lange Plenumsphase kann durch eine unterstützende Atmosphäre entlastet werden: Eine brennende Kerze in der Mitte eines Stuhlkreises, Tee, ein paar Kekse ...

Jona in Japho (J. Koerver, Nicht mit mir, Gott!)

1. Abschnitt:

»Ich bin der Wirt vom ›Goldenen Anker‹« bis »Und er sieht mich direkt an und flüstert: ›Jahwe, der Gott unserer Väter‹«. – Personensymbole für Jona und Gott (evtl. auch für den Wirt; diese Spur wird im folgenden nicht weiterverfolgt); Absichtssymbol für »Ein Schiff«; positiver Beziehungsstreifen für die Beziehung Jonas zum Absichtssymbol »Schiff«.

2. Abschnitt:

»Mir läuft es eiskalt den Rücken runter« bis »Ich muß ihn recht bald loswerden, diesen Propheten«. – Konzentriert auf das Geschehen in Jerusalem: Personensymbol(e) für die Jerusalemer; Absichtssymbole für Gottes Verlangen an die Jerusalemer und an Jona; entsprechende positive (und evtl. auch negative?) Beziehungsstreifen.

3. Abschnitt:

»Und warum bist nun auf der Flucht vor ihm?« bis »Und ich sehe durchs Fenster, wie er zum Hafen runtergeht, der Jona«. – Personensymbol(e) für die Niniviter; Absichtssymbole für Gottes Verlangen an die Niniviter und an Jona; entsprechende positive und negative Beziehungsstreifen.

Jonas Reise (Konfirmandinnen/Konfirmanden erzählen)

Wahrscheinlich ist den Konfirmandinnen und Konfirmanden der Fortgang der Jona-Geschichte aus dem Kindergottesdienst oder dem Religionsunterricht bekannt. Er wird ohne Visualisierung und möglichst ohne den Inhalt der Kapitel 3 und 4 des Jona-Buches erinnert und zusammengetragen.

Jona in Ninive (Jona 3 und 4)

Jona 3 und 4 werden abschnittsweise im Original gelesen. Dabei wird die Arbeit am Schaubild, evtl. konzentriert auf eine Veränderung bzw. Ergänzung der Beziehungsstreifen, vervollständigt.

JONA

☞ **Es ist sicher kein Zufall,** daß wir aus jener dunklen Zeit in der Geschichte Israels um 300 v. Chr. kaum aufschlußreiches Material haben. Palästina ist Teil des Ptolomäerstaates, dessen Hauptstadt Alexandria ist. Es spielt weder politisch noch kulturell eine Rolle. Die Jerusalemer Kultgemeinde wird die Psalmen rezitiert haben, in denen von der Macht Jahwes die Rede ist und davon, daß dieser die Feinde Israels zerschmettern wird. Der Augenschein spricht eine andere Sprache. Warum nur um alles in der Welt fährt Er nicht herab und stellt Seine Gerechtigkeit her?

In dieser Situation entsteht eine didaktische Erzählung, in deren Mittelpunkt der Prophet Jona aus Gath-Hepher steht (vgl. 2 Kön 14,25). Er lebte allerdings ca. 450 Jahre früher. Damals, zur Zeit Jerobeams II. (787-747 v. Chr.), deutete sich angesichts der immer mächtiger werdenden Assyrer eine ähnliche Entwicklung an, wie sie jetzt unter den Diadochen aktuell ist. Ihr Ergebnis war schließlich die Unterjochung erst des Nord-, dann auch des Südreiches. Auch damals schon stand in Frage, wie Jahwe es mit den feindlichen Völkern hielt.

In der Erzählung erhält der Prophet den Auftrag, Ninive, der Hauptstadt der Assyrer, das Gericht anzusagen. Ohne daß der Grund zunächst genannt wird, will sich Jona der Weisung Jahwes entziehen. Er tritt eine Schiffsreise von Japho, der »ältesten Hafenstadt der Welt« (Fremdenverkehrsverband Tel Aviv-Yafo), nach Tarsis, einer uns heute unbekannten Hafenstadt im Westen, an. Während eines Sturmes auf hoher See, der Schiff und Mannschaft bedroht, werfen die Seeleute ihn in dem Glauben, Jona sei für das Ungemach verantwortlich, und auf seinen eigenen Vorschlag hin über Bord. Ein großer Fisch verschlingt ihn und spuckt ihn dort wieder an Land, wo er sich eingeschifft hatte. Jetzt macht sich Jona doch auf den Weg und richtet seine Botschaft aus. Außerhalb der Stadt wartet er anschließend darauf, daß Jahwes Gericht, wie angekündigt, eintritt. Aber es kommt so, wie er es schon befürchtet hatte: Die Niniviter bekehren sich und Jahwe vergibt ihnen. Das ärgert Jona sehr. Die darauf folgende Auseinandersetzung zwischen Jahwe und seinem Propheten bringt die Lehrerzählung auf den Punkt: Während der Mensch ganz darauf setzt, daß es den Feinden Israels ergehen muß, wie sie sich verhalten haben, will Jahwe, daß sie leben.

Auf einer narrativen Metaebene wird die theologische Grundfrage nach dem Geltungsbereich des Heils verhandelt, universal oder partikulär. Jürgen Koervers Erzählung »Nicht mit mir, Gott!« (S. 148-151) bleibt in dieser Tradition, fügt aber der Metaebene eine weitere hinzu. Das erschwert die kognitive Auseinandersetzung, ist aber manchmal der einzige Weg, überhaupt einen Zugang zu erschließen. Die Koerver-Erzählung erfüllt gewiß ihren Zweck, Jungen und Mädchen auf Bibel neugierig zu machen (»Was ist denn nun wirklich passiert?«). Meine Erfahrung ist, daß die Deatils von Rahmenerzählungen bei den Jugendlichen in der Regel nachhaltiger haften bleiben als Züge des Originals. Das verpflichtet, genau hinzuschauen, was wir ihnen anbieten.

Von der Ur-Handlung werden von Koerver wenige Grunddaten (Auftrag, Flucht durch Schiffsreise, möglicher Ausgang) auf einen fiktiven Kneipenaufenthalt vor der Abreise konzentriert. Als Erzähler wird ein Wirt eingeführt, dem der Prophet während seiner überstürzten Abreise begegnet sein könnte. Hörerinnen und Hörer erfahren viel über die handlungsleitenden Motive, die in der eigentlichen Jonaerzählung erst am Schluß deutlich werden.

Schade ist, daß der Erzähleinfall der Legende, den Menschen bei seiner Naturliebe zu packen (das Werden und Vergehen der Staude als Anschauungsmedium für den Propheten) keine Rolle spielt. Mit der Tierliebe Jugendlicher scheint eine alle »garstigen Gräben der Geschichte« überspannende didaktische Brücke zur Jonaerzählung gegeben, die Koerver leider nicht ausgelotet hat.

Ansonsten ist »Nicht mit mir, Gott!« spannend erzählt und geeignet, in einem Stück dargeboten zu werden – allerdings nicht ohne Modifikationen: Merkwürdig klischeehaft sind die Adressaten des ganzen aufregenden Geschehens skizziert. Die Niniviter, Exempel der »Ungläubigen«, sind »miese Heiden« und »sittenlose Strolche«, boshaft und voller Sünden – eben »gottlos«. Konkret: Sie mögen Wein und nehmen schöne Mädchen immer ... Die Vorstellung, daß Frauen Handelsware sind, sollten wir vielleicht doch nicht mal so eben en passant transportieren. Die Gleichung »gottlos« = »sittenlos« = »mies« hat Boulevardpresse-Niveau. Daß Jugendliche in die Empörung des Propheten über die Niniviter aufgrund der genannten Konkretionen einstimmen können, erscheint höchst unwahrscheinlich.

▼ 2. Im Gespräch über das fertiggestellte Schaubild wird dem Auf und Ab, dem Gegeneinander und Miteinander der verschiedenen Absichten noch einmal nachgegangen: Wessen Absichten kommen zum Ziel, welcher Wille behauptet sich? Versuch der Übertragung, des Transfers: Wie geht es *uns* mit unseren Absichten, mit unserem Willen im Leben? 10 Minuten.

3. Die Folie mit dem Graffito »Golgatha« wird projiziert. Eindrücke werden ausgetauscht. Die Darstellung spricht erst einmal für sich (vgl. die Überlegungen zur »Bildbetrachtung«, S. 12f.). Aber möglicherweise sind Informationen notwendig, je nachdem, was die Jugendlichen von der Passionsgeschichte wissen. Alle tragen ihre Erinnerungen zusammen. Wenn nötig, werden sie von den Unterrichtenden ergänzt. Dabei kann ein Bogen gespannt werden vom »Leiden Christi« (Lk 22,39-46) über »Christus bei den Leidenden« (Mt 25,35 f.42f.) zu »Überwindung des Leides« (Apk 21,1-5). Das Schwergewicht sollte schließlich darauf liegen, »Wille Gottes« inhaltlich zu füllen und zu benennen, wie es Jugendlichen damit geht. 20 Minuten.

GRAFITTO »GOLGATHA«, BERLIN-KREUZBERG, 1988

☞ **Berlin ist die Stadt der Graffitis.** Das Zusammenwachsen der beiden Stadthälften äußert sich u.a. auch darin, daß die Graffitis, mit denen die Westseite der Mauer »verschönt« war, jetzt auch östlichen Gebäudewänden Farbe gibt. Was heißt hier »Gebäude«? Alles, was öffentlich ist, ist gut für eine schnelle Inschrift, eine »... was here«-Zeichnung oder ein mehr oder weniger gelungenes Beispiel naiver Kunst: Brücken, U- und S-Bahnen, Verkehrsschilder, Schaukästen, Litfaßsäulen, Toiletten ... »Guten Morgen, Papi!« war an einer großen Einfallstraße in die City zu lesen. Avus-Benutzern wurde lange Zeit kundgetan, daß nicht nur »Alkohol benebelt«, sondern auch Heidi. Und wer die Stadtautobahn gen Süden fuhr, kam nicht um eine Auseinandersetzung mit dem Anarchospruch »Keine Macht für niemand!« herum. Persönliches und Politisches, Dummes und Kluges, Abgeschmacktes und Pfiffiges – für jede und jeden ist etwas dabei, das eine(n) nicht unbeteiligt läßt. Irgendwie hat das Ganze etwas ungemein Demokratisches: Alle können sich beteiligen, fast umsonst, Öffentlichkeit ist konstitutiv, jede und jeder partizipiert ... Gewiß, das »Taggen« erfüllt den Tatbestand der Sachbeschädigung. In Berlin wird es von speziellen Arbeitsgruppen der Kriminalpolizei verfolgt. Tausende von Mark müssen ausgegeben werden, um derartige Zeitzeugnisse wieder zu beseitigen. Aber manchmal entdeckt mensch vor der Wiederherstellung des Originalzustandes etwas ganz Besonderes. Dann ist es ein glücklicher Umstand, wenn es wie hier auf Film gebannt und uns erhalten wird.

Hinter- und Untergrund des Graffitos ist eine sehr sorgfältig erstellte Brandmauer. Auch unregelmäßig geformte Ziegel sind exakt in die Reihen eingepaßt. Der Mauer setzt offensichtlich Feuchtigkeit zu. Von unten her legt sich ein dunkler Schatten, Jahr um Jahr mikrometerweise wachsend, auf die Hauswand. Auf ihr, an drei Seiten weiß umrahmt, nur nach unten ein diffuser Übergang, ein signierter Graffito. Buchstaben (»HH«, »B«, »Bullen«, »... SSTB ...«), Ziffern (»15«), Reste von Werbeplakaten (»OBER/TÖNE«), rechts und links daneben- oder einfach drübergeschrieben oder -geklebt, wirken gegenüber dem ordentlichen Eindruck chaotisch. Das linke Drittel des Entwurfes wird von einem fast nachtblauen Hintergrund bestimmt, von dem sich eine dunklere Fläche abhebt. Drei unterschiedlich große Kreuze ragen von ihr in den Himmel. Ein Christuskopf ist dargestellt in der Art der Renaissance: lange Haare, Bart, scharfe Konturen des Gesichtes. Allerdings sind die Augen geschlossen, die stark kontrastierenden Farben kaum realistisch. Das Rot der Haare, über den Augen, um den Mund herum, scheint über den ursprünglichen Entwurf drübergemalt. Waren hier mehrere Hände am Werk?

Die Starrheit des wie eine Totenmaske anmutenden weißen Gesichtes wird dadurch aufgelöst, daß die Kreide (?) zerfließt: die Kreuze, die Haare, die Augenbrauen ..., alles ist in Bewegung – auf den Feuchtigkeitsschatten der Mauer zu, der von unten hochkriecht. In diesem Ausschnitt Kreuzberger Realität verdichten sich in unwiederbringlicher Weise Kultur und Religion, Natur und Geschichte zu einem einzigartigen Zeitzeugnis: Alles scheint diffus, im Fluß begriffen, löst sich auf. Das kulturelle Angebot überdauert kaum die Haltbarkeit der Werbezettel. Die politische Auseinandersetzung ist grob, undifferenziert. Die Natur erweist sich hartnäckiger als die Kulturtechnik. Die religiöse Sehnsucht verschwimmt zu unklaren Erinnerungen. Jede Zeit hat ihr Christusbild!?

MIT ERWACHSENEN

Material

- Die beigefügte Folie mit dem Graffito »Golgatha« **M 3**.
- Overhead-Projektor (Tageslichtschreiber; Polylux®).
- Evtl. Pappstreifen oder Tonpapiermasken zum Abdecken.
- Evtl. die Erzählung »Das Leben des Christoph B.« (Denk mal nach ..., S. 152).

Verlauf

Erwachsene haben in der Regel schon über den Willen Gottes angesichts menschlichen Leides nachgedacht: Ich bitte sie, sich für einen Moment zu dritt einander zuzuwenden und sich zu folgendem Satz auszutauschen: ›Wenn ich Gott fragen könnte, ob *das* denn sein Wille sei, würde ich ihm folgende Situation(en) schildern ...‹ – Vielleicht möchte jemand eine Situation ansprechen, die sie oder ihn besonders beeindruckt hat. Bitte verständigen sie sich darüber, ob ihre Gesprächspartnerin bzw. ihr Gesprächspartner damit einverstanden wäre.« Dem Erzählen, Zuhören und Kommentieren von Erfahrungen der Teilnehmerinnen und Teilnehmer ist breiter Raum zu geben. Weitere Impulse können entbehrlich werden. Wenn anders: Die Erzählung »Das Leben des Christoph B.« wird vorgelesen, die Situation diskutiert. Die Schwierigkeit für die Gesprächsleiterin bzw. den Gesprächsleiter ist, daß jede angesprochene Situation eine Eigendynamik bekommen kann, die es nicht leicht macht, sich von ihr zu lösen und zu generalisierenden Aussagen zu kommen. Vielleicht geht das auch erst in Verbindung mit dem nächsten Schritt: Die Folie mit dem Graffito »Golgatha« wird projiziert und betrachtet (s.o.; anders als bei Jugendlichen, kann allerdings die Kenntnis der Passionsgeschichte vorausgesetzt werden).

Die vierte Bitte

Unser tägliches Brot gib uns heute.

Komm, iß ein Stück Brot

»**Unser tägliches Brot** gib uns heute« scheint die in ihrer Bedeutung klarste Bitte des Vaterunsers zu sein. Aber der Sinn des »täglich« (gr. epiousios) ist umstritten. Neben den Auslegungen »zum Dasein gehörig«, »für den betreffenden Tag«, »das Brot, das wir heute brauchen« findet sich auch die Auffassung, daß es um das Brot für den folgenden, den zukünftigen oder den kommenden Tag gehe. Für jeden dieser Vorschläge können gute Gründe genannt und mögliche Ableitungen aufgewiesen werden. Ernst Lohmeyer vertritt, daß mit der Brotbitte beide Aspekte angesprochen sind: die Bitte um das Brot für den heutigen Tag *und* die Bitte um das Brot des Reiches Gottes: »Brot ist das Bild und die Wirklichkeit des eschatologischen Gottesreiches ... Das Brot hört darum nicht auf, ein leibliches, ja, ein kärgliches und ärmliches Brot zu sein, welches ›unseren‹ Hunger stillt; ... (der Bitte eignet ein) tiefer Doppelsinn, welcher von einem leiblichen und eschatologischen Brot redet ...«[1] Die Bitte um das tägliche Brot beinhaltet den Wunsch, daß Gottes Gerechtigkeit sich durchsetzen möge – Nachklang der drei ersten Bitten des Vaterunsers in der vierten.

Martin Luthers Auslegung ist radikal »diesseitig«: »Gott gibt täglich Brot auch wohl ohn unser Bitte allen bösen Menschen, aber wir bitten in diesem Gebet, daß er uns erkennen lasse und mit Danksagung empfahen unser täglich Brot.«[2] Aber es ist ja nicht nur das tägliche Sattwerden, obwohl es für viele Menschen damals und heutzutage wieder genau darum geht! Luthers Erklärung erweitert den Rahmen auf »alles, was zur Leibesnahrung und -notdurft gehört«[3]. »Brot« ist Synonym für das Lebensnotwendige überhaupt. Die Brotbitte ist die Bitte derer, denen die Bedrohung und Vernichtung ihrer Existenz als ständige Möglichkeit vor Augen steht, die sich radikal von dem Schöpfer und Erhalter jedes Seins abhängig wissen. Die Paradigmata des Buches liegen auf dieser Linie: Mit Beispielen aus Afrika, Sri Lanka und Brasilien werden uns die Menschen der »Dritten Welt« als Opfer ungerechter Wirtschaftsstrukturen und »freier Marktwirtschaft« vor Augen gestellt (Denk mal nach ..., S. 156f.). Unsere »Solidarität mit den Armen« soll mit konkreten Projekten, die über Patenschaften hinausgehen, eröffnet werden. Und mit den Berichten aus SO 36 – eine frühere Bezeichnung für den Postzustellbezirk Berlin-Kreuzberg – wird die alltägliche Armut in Deutschland beispielhaft geschildert (Denk mal nach ..., S. 158f.).

Konfirmandenunterricht in Kreuzberg. Wir singen »Keiner kann allein Segen sich bewahren. Weil du reichlich gibst, müssen wir nicht sparen. Segen kann gedeihn, wo wir alles teilen ...« (EG 170,2). Ein Mädchen verliert seine Fassung: Was sie hier singen soll, steht im krassen Widerspruch zu ihrer Alltagserfahrung. Sie schmeißt das Liederheft in die Ecke. Das war 1984. Damals gehörte Kreuzberg zu den ärmsten Bezirken Berlins. Inzwischen hat sich die Situation verschärft. Einerseits hat die Armut enorm zugenommen. Sie ist aus Kreuzberg ausgewandert, hat andere Bezirke erfaßt und sich durch den Ostberliner Zuwachs potenziert. Andererseits ist Kreuzberg zur Schicki-Micki-Gegend verkommen. Die Schere zwischen den ganz Armen und den ganz Reichen hat sich weiter geöffnet. Was in Berlin exemplarisch vor Augen ist, gilt so oder ähnlich in der gesamten Republik. Armut ist kein Phänomen, das Konfirmandinnen, Konfirmanden und Unterrichtende unbeteiligt analysierend betrachten können. Wir alle sind involviert: Soweit Jugendliche nicht selbst betroffen sind, kennen sie wahrscheinlich Gleichaltrige, die – z.B. durch die Arbeitslosigkeit eines Elternteils – vom sozialen Abstieg bedroht sind. Das legt uns Unterrichtenden die Verpflichtung auf, uns vor dem Unterricht die Situation der Konfirmandinnen und Konfirmanden sorgfältig vor Augen zu führen und Material wie Medien daraufhin zu überprüfen (s.o.). Und wenn Jugendliche ihre Identität über das Tragen bestimmter Markenkleidung definieren, sind sie an dem Phänomen »Armut« ebenso beteiligt wie wir Pfarrerinnen und Pfarrer mit mittelfristig krisenfestem Arbeitsplatz und gutem Gehalt. Wir müssen unser eigenes Verhältnis zu Armut und Reichtum geklärt haben.

Die Bitte um das tägliche Brot beginnt mit dem Wörtchen »unser«. Die Gerechtigkeit Gottes, um die die Figur ringt, ist eine strukturelle Angelegenheit. Auch Luthers »Diesseitigkeit« hat die sozialen Beziehungen im Blick. Das alles bedeutet, daß ich die vierte Bitte ehrlicherweise nur aussprechen kann, wenn ich bereit bin, Gerechtigkeit zu praktizieren und um sie zu kämpfen. Ich muß mich dafür einsetzen, daß das, was ich selbst empfange, auch für andere wahr wird. »Gottes Gaben reichen aus für alle Menschen. So rufen wir ihn an und bitten, daß wir gerne nehmen und mit anderen teilen, was er uns heute gibt« (Denk mal nach ..., S. 155). Aber das Zauberwort »Teilen« verhallt, wird es als Appell angeboten. Das Geheimnis einer angemessenen Auseinandersetzung mit der vierten Bitte ist, daß wir das, was wir haben, zu würdigen und zu teilen lernen, *indem wir es bereits teilen* – mit Konfirmandinnen und Konfirmanden ebenso wie mit Erwachsenen.

---

1 **Ernst Lohmeyer, Das Vater Unser**, Göttingen 1946 (1962⁵), S. 107; ähnlich Walter Grundmann, Das Evangelium nach Lukas, Berlin o.J., S. 233 (Theologischer Handkommentar zum Neuen Testament, hg.v. E. Fascher (u.a.), Bd. III/2); Hans Joachim Iwand, Predigtmeditationen, Göttingen 1966³, S. 74.
2 **Martin Luther, Enchiridion**, a.a.O., S. 513.
3 Ebd., S. 514.

28 | Die vierte Bitte | Komm, iß ein Stück Brot

MIT KONFIRMANDINNEN UND KONFIRMANDEN

Absicht
Das Brot als Zeichen für das, »was not tut für Leib und Leben«, begreifen, schätzen und teilen lernen.

Material
- Plakat mit der vierten Bitte des Vaterunsers.
- Die drei Texte »Lieber Bernd, ...«, »Neue Armut« und »Ein Nachmittag in der Suppenküche« (Denk mal nach ..., S. 156-159).
- Die Erzählung »Wes Brot ich eß, des Lied ich sing«, S. 29f.
- Brotteller und Weißbrote in für die Gruppe ausreichender Menge, evtl. ein Brotmesser. Während einer Freizeit könnte die Gruppe die Brote selber backen (s. »Brot backen«).

Zeit
90 Minuten (ohne Brot backen)

Verlauf
1. Das Plakat mit der vierten Bitte ist für alle sichtbar aufgehängt. Drei Kleingruppen werden gebeten, je einen der Texte S. 156-159 so zu bearbeiten, daß sie den Inhalt den anderen erzählen können. Die Unterrichtenden bereiten unterdessen den nächsten Schritt vor: Sie kochen Tee oder stellen andere Getränke bereit. 20 Minuten.

2. Je eine(r) oder zwei aus jeder Gruppe stellen ihren Text vor. Tee oder andere Getränke sorgen für eine etwas aufgelockerte Atmosphäre (»Erzähltee«). Sie entlastet angesichts der bedrückenden Inhalte, die in dem anschließenden Rundgespräch zur Sprache kommen können. 40 Minuten.

Lieber Bernd, S. 156f.
- Freie Marktwirtschaft und Weltwirtschaftsordnung: Reichtum und Überfluß auf der einen, Schuldenlast, Ausbeutung und Armut und auf der anderen Seite.
- Unsere Lebensgewohnheiten, vom Essen und Trinken bis zum Umgang mit Konsumgütern, die unwiederbringliche Ressourcen aufbrauchen.
- Die Widersprüche zwischen unserem Reden (und auch Singen) und unserem Handeln: die Notwendigkeit zum Teilen und unsere Halbherzigkeit beim Spenden.
- Die Möglichkeiten konkreter Solidarität.

Neue Armut und Ein Nachmittag in der Suppenküche, S. 158f.
- Die zunehmende Zahl der Menschen in der BRD, die am Rande oder unterhalb des Existenzminimums mit geringem Einkommen leben müssen oder von der Sozialhilfe abhängig sind;
- Die Aufgaben einer Kirchengemeinde und der Sozialarbeit: Kompensation gesellschaftlicher Unrechtsstrukturen?
- Die Suppenküche als Form der Veröffentlichung des Elendes und des gesellschaftlichen Protestes.
- Die Ablehnung und das Unverständnis seitens der Nachbarn.

Allgemein
- Die scheinbare Selbstverständlichkeit alltäglichen Lebens.
- Essen und Trinken als Gaben.
- Hunger und Durst anderer als Herausforderung unserer Verantwortung.

3. Die Brotteller mit den zunächst ungeteilten Weißbroten werden in die Mitte gestellt. Die Brote werden betrachtet und gewürdigt: Wie sie aussehen, woraus sie bestehen und mit welchen Arbeitsschritten sie angefertigt wurden (s. »Brot backen«). Die Erzählung »Wes Brot ich eß, des Lied ich sing« wird gelesen (evtl. in mehreren Abschnitten, dazwischen Lieder, Essen, Hoffnungssätze, s. »Anregung für einen Gottesdienst ..., S. 32). Die Brote werden geteilt und gegessen. Dabei kann, wer will, einen Satz sagen, einen Eindruck formulieren oder einer Hoffnung Ausdruck geben. 30 Minuten.

BROT BACKEN

Geräte
Küchenwaage, Küchentuch, Holz-Rührlöffel, evtl. Handrührgerät mit »Knethaken«, Mehlsieb, scharfes Küchenmesser, feuerfeste Schale; Schüssel und Plastikbeutel, in den die Schüssel hineinpaßt; entsprechend: Backblech und Plastiksack; Backpapier.

Zutaten
Für ein mittelgroßes Weißbrot, sättigend für vier Personen: 750 g Weizenmehl, Type 1050, 3 gestrichene Teelöffel Salz, 1/2 Teelöffel Zucker, 30 g Preßhefe oder 1 Päckchen Trockenhefe, 1/2 l Wasser, Mehl zum Kneten, etwas Speiseöl.

Beschreibung[4]
Teig herstellen (20 Minuten)
Das Mehl wird in eine große Schüssel gesiebt und mit Salz und Zucker gut vermischt, die Hefe darüber gestreut, handwarmes Wasser dazugegeben (Mengen siehe »Zutaten«). Das Gemisch mit einem Rührlöffel solange bearbeiten, bis sich der Teig aus der Schüssel hochnehmen läßt. Er muß nun solange durchgeknetet werden, bis er locker und geschmeidig ist und nicht mehr klebt: Mit Handrühr-

---
4 **Nach A. und G. Eckert, Mehr Freude und Erfolg beim Brotbacken,** Niedernhausen/Ts. 1983, S. 24f.

gerät und Knethaken in der Schüssel (ca. 3 Minuten) oder mit den Händen auf einer mit Mehl bestreuten Arbeitsplatte (ca. 15 Minuten; erfordert kräftige Hände!). Klebt der Teig nach dieser Prozedur immer noch, muß noch etwas Mehl hinzugefügt und weitergeknetet werden. Dabei lohnt sich behutsames Vorgehen: zuviel Mehl macht das Brot knochenhart!

»Gehen lassen« (50 Minuten)
Der Teigballen wird gegebenenfalls kurz aus der Schüssel herausgenommen und die Schüssel mit Mehl bestreut (wenig!). Der Ballen wird in die Schüssel gelegt, die Schüssel in einen Plastikbeutel gesteckt und mit einem Küchentuch abgedeckt. Man läßt den Teig an einem zugfreien und warmen Ort (Heizungsnähe? Ideal sind 40 Grad) solange gehen, bis sich sein Umfang verdoppelt hat (ca. 45 Minuten).

Formen (40 Minuten)
Jetzt wird der Teig noch einmal durchgeknetet und z.B. ein länglicher Laib geformt. Er wird auf ein mit Backpapier ausgelegtes Backblech gelegt. Das Ganze soll in einen Plastiksack geschoben werden. Damit dieser nicht »anpappt«, wird er innen mit etwas Speiseöl bestrichen. Man läßt den Teig – wieder an einem möglichst warmen Ort – noch einmal ca. 30 Minuten lang gehen, bis sein Volumen sich erneut verdoppelt hat. Mehrere, ca. 1 cm tiefe Schnitte in die Oberseite erhöhen den Anteil der Kruste und schließen die Vorbereitungen ab.

Backen (40 Minuten)
Der Backofen eines Elektroherdes sollte auf 200 Grad vorgeheizt sein (Heißluftherd 160 Grad; Gasherd Stufe 4). Zunächst wird eine feuerfeste Schale mit kochendem Wasser hineingestellt. Sie bleibt während des Backens im Ofen und verhindert das Austrocknen des Brotes. Anschließend wird das Backblech in die Mitte des Ofens geschoben. Die Backzeit beträgt ca. 40 Minuten. Das frischgebackene Brot läßt man möglichst auf einem Gitterrost auskühlen. – Richtwert zum gleichzeitigen Backen mehrerer Brote: 1 kg Brot = 1 Stunde Backzeit.

Aufbewahren
Kann das Brot erst eine Woche später gegessen werden, wird es in Alufolie oder einen luftdichten Plastikbeutel gegeben und eingefroren. Vor dem Verzehr muß es so rechtzeitig wieder herausgenommen werden, daß es allmählich auftauen kann. Es wird dazu aus der Verpackung herausgenommen.

WES BROT ICH ESS, DES LIED ICH SING
Eine Erzählung

Das ist die Geschichte von einem unglücklichen Jungen, der, wie viele andere unglückliche Jungen auf der Schattenseite dieser Erde, als Sohn mausarmer Eltern auf die Welt gekommen war. Und wie die meisten der mausarmen Kinder teilte er die Armut mit Geschwistern: Er hatte zwei Brüder. Und wie die Mehrzahl der Kinder, welche nichts besitzen als ihr bißchen Leben, mußten die Brüder schon im Schulalter, statt in die Schule zu gehen und von den Eltern bequem erhalten zu werden, ihr Brot selbständig verdienen. Das ist ganz wörtlich gemeint, wie sich noch herausstellen wird.

Nicht weit von der Behausung der Brüder entfernt, führte einer ihrer Onkel ein Eisenwarengeschäft. Er hatte es als einziger der Verwandten zu Wohlstand gebracht. Aber es verwunderte alle, die ihn kannten, daß er nicht auch sein eigenes Herz feil hielt, denn es war härter als der beste Stahl, den er verkaufte.

Die drei Brüder – für den Onkel waren es Neffen – stellte er nun an, weil sie billige Arbeitskräfte waren. Bei ihm also schleppten die drei Jungen lange Eisenstäbe, schwere Drahtgitterrollen, sie öffneten Kisten und Schachteln, sortierten Schrauben und Nägel, verpackten Haken und Ösen, füllten Regale, trugen Bestelltes aus.

Bei allem, was sie taten, beobachtete sie der Onkel scharf, und wenn sich einer der Brüder ausnahmsweise, und gewiß nicht aus Faulheit, kurz ausruhte, wurde er angetrieben mit den Worten: »Denk an deinen Lohn!«

Ja, dieser Lohn! Die Brüder bekamen ihn, bevor sie abends nach Hause zurückkehrten.

Hatte einer den lieben langen Tag nur an den Lohn gedacht, sich nie hingesetzt, die Beine ununterbrochen in Trab und die Arme in zupackender Bewegung gehalten, dann bekam er ein ganzes Brot. Hatte einer auch an seinen schmerzenden Rücken gedacht, ihn dann und wann gereckt, sich eine Verschnaufpause gegönnt – bekam er ein halbes Brot.

Hatte einer zu eifrig an seinen Lohn gedacht, in der Hast eine Kiste beim Öffnen zerbrochen, zu viele Schachteln auf einmal getragen, so daß er sie hatte fallen lassen, dann bekam er gar kein Brot. Auch wenn sich alle drei Brüder gleichermaßen ausgegeben und abgerackert hatten, wenn ein zufälliger Beobachter keinen Unterschied hätte bemerken können, wurde noch eine Rangliste erstellt: Dem Besten ein Brot, dem Zweiten ein halbes, dem Dritten keins. Daran hielt der Onkel eisern fest. Er wußte warum. Denn die Brüder – weil sie sonst wenig zu beißen und zu brechen hatten – trugen einen erbitterten Wettkampf ums Brot aus. Den schürte der Onkel noch, spielte die Brüder gegeneinander aus. Er war freundlich mit dem, den er gerade als Vorbild auserwählt hatte und sprach: »Siehst du wohl! Ohne Fleiß kein Preis!«

Er verhöhnte den Unglücklichen, der die Brüder hatte übertreffen wollen, dem im Feuereifer etwas kaputt gegangen war und spottete: »Wer andern eine Grube gräbt, fällt selbst hinein!«

Er war unwirsch mit dem, der sich ausgeruht hatte und sagte: »Wer nichts tut, dem geht's nicht gut!«

Das war schlimm genug, aber noch immer nicht das Schlimmste. Das stand erst nach Arbeitsschluß bevor. Denn auf dem Heimweg war der mit dem halben Brot neidisch auf den mit dem ganzen. Und der ohne Brot haßte die beiden, die überhaupt etwas bekommen hatten. Der Fleißigste des Tages hänselte gar den Halbfleißigen mit den hämischen Worten des Onkels: »Wer nichts tut, dem geht's nicht gut, hä, hä!«

Dieser gab den Hohn des Onkels an den Dritten weiter: »Wer andern eine Grube gräbt, fällt selbst hinein!«

Und dem Pechvogel des Tages blieb nichts anderes übrig, als sich – kochend vor Wut – auf die Lippen zu beißen oder die anderen geradewegs anzugreifen. Nicht selten kam es zu Prügeleien.

Nun war aber der Junge, von dem am Anfang der Geschichte die Rede war, eben deshalb der unglücklichste von allen Dreien, weil er der ungeschickteste, kränklichste war. Er wollte wohl seinen Nachteil wettmachen, indem er sich doppelt anstrengte. Aber sein verbissener Ehrgeiz wurde ihm zum Verhängnis: Die Schachteln fielen ihm vor Übermüdung aus den Händen, er zerbrach Verpackungen, weil die Arbeit und der Wettkampf ums Brot über seine Kräfte gingen. Folglich bekam er auch am wenigsten Brot, zu wenig für einen Kränklichen. Er wurde darum noch schwächer als er schon war. Es mißriet ihm deshalb mehr als zuvor. Er erhielt fast nie mehr ein halbes Brot, geschweige denn ein ganzes. Er wurde richtig krank.

Er blieb daheim liegen, die Brüder schufteten weiter, ohne sich um ihn zu kümmern. Sie hatten schon genug zu tun, sich ihrer eigenen Haut zu erwehren. Erst am dritten Abend, als sie den Unglücklichen blaß und abgezehrt in einem Winkel wimmern hörten, rührte sich in einem der Brüder ein kleiner Rest von Erbarmen, der vom Elend des Lebens noch nicht ganz aufgezehrt worden war. Das Mitleid stritt sich zwar mit dem Gedanken, daß ein Bruder weniger mehr Brot bedeuten würde. Dennoch nahm er entschlossen sein ganzes Brot (er hatte heute den ersten Preis erhalten), brach es und gab dem Kranken die Hälfte.

So erlebten die Brüder zum ersten Mal, daß jeder gleichviel besaß, spürten sie eine erste kleine Regung der Zusammengehörigkeit.

Ausgerechnet am nächsten Morgen jedoch, als der kranke Neffe immer noch nicht in der Eisenwarenhandlung antrat, schrie der Onkel: »Ich soll euch zweien den Lohn für alle drei geben? Fällt mir nicht ein! Der Tüchtigere von euch beiden bekommt, solange der Faulenzer und Drückeberger zuhause hockt, das ganze Brot und der andere keins. Das halbe wird abgezogen.«

Der Zufall wollte es, daß diesmal der, welcher am Tag vorher das halbe besessen und nicht hatte teilen müssen, der Gewinner war. Er hatte das gestrige Brotbrechen der Brüder mit Staunen, Unglauben und etwas verwirrt bemerkt. Wenn er nun ebenso hinginge und dem Kranken die Hälfte gäbe? Dann hätte ja der barmherzige Bruder nichts, und der hatte sich genauso gut abgeschunden wie er selbst. Und wenn er das Brot drittelte, blieb jedem wenig, sehr wenig.

Nach einer langen Pause der Verlegenheit und einem schweren Kampf gegen den eigenen Hunger brach er sein Brot in drei Teile. Bei diesem Brauch blieb es. Vielleicht war ein Trotz gegen den Onkel erwacht, vielleicht war es die Erfahrung, daß sie sich näher gekommen waren. Allmählich kam der Kranke wieder schlecht und recht auf die Beine. Aber da sie nun, wieder vereint, zu dritt die Arbeit versahen, hatte sich etwas ganz und gar verändert. Sie nahmen zwar wie früher ein ganzes und ein halbes Brot und kein Brot entgegen (wenn man so sagen darf), waren indessen völlig taub geworden für das ewig gleiche Lied des Onkels mit den drei Strophen: »Ohne Fleiß kein Preis! Wer andern eine Grube gräbt, fällt selbst hinein! Wer nichts tut, dem geht's nicht gut!«

Die Brüder überhörten's. Sie hatten sich nun ans Teilen gewöhnt, deshalb war es auch ganz gleichgültig, ob der Onkel rühmte oder höhnte, wen er belohnte und wen er bestrafte. Es nützte oder schadete den Brüdern auch nichts, wenn einer seinen Rücken reckte und streckte, die anderen gönnten sich die Ruhepause auch.

Der Onkel spürte natürlich bald, daß er die Macht über seine Neffen verloren hatte. Er konnte sich nicht erklären, weshalb, und sich den Kopf zerbrechen, wie er wollte – er kam auch mit Drohungen und Schmeicheleien nicht mehr gegen die Neffen an. Mehr noch: Die Brüder waren nicht nur einig, sondern unterdessen auch größer geworden: Halbe Männer. Auch hatte sie die bisher überstandene Arbeit und Not zäh gemacht.

Das flößte dem Onkel Angst ein. Er fürchtete, die Neffen könnten ihm seine Härte eines Tages heimzahlen. Und um einem Streit einstweilen zuvorzukommen, bot er – was muß ihn dieser Entschluß gekostet haben! – jedem der Brüder ein ganzes Brot an. Ob die Brüder sich damit zufrieden gaben, oder dem Onkel nun erst recht über den Kopf wuchsen – das ist eine neue Geschichte, die du dir selbst ausdenken kannst.[5]

MIT ERWACHSENEN

Material

Der Bericht »Neue Armut« (Denk mal nach ..., S. 158f.).

Verlauf

Erwachsenen ist das Problem »Armut und Reichtum« in der Regel bewußt. Sie wissen zum Teil auch aus eigener Erfahrung, was Hunger bedeutet. Angesichts weltpolitischer und sozialer Fragen bringen sie differenzierte Kenntnisse, Einstellungen, Positionen und leider manchmal Vorurteile mit. Viele Erwachsene aber, die in die Gemeinde kommen, sind über den Durchschnitt der Bevölkerung hinaus im Blick auf die anstehenden Fragen sensibilisiert und auf ihre Hilfsbereitschaft ansprechbar. Aus diesen Gründen wird vorgeschlagen, nur *einen* Text als Einstieg zu lesen, und zwar den Bericht »Neue Armut«. Das Gespräch wird sich an den oben genannten Gesichtspunkten orientieren. Im übrigen könnte der Bericht als Anregung für ein Rollenspiel dienen, wenn es von den Teilnehmerinnen und Teilnehmern her möglich und der Situation angemessen wäre: Während einer Versammlung wird der Antrag verhandelt, in den Räumen der Gemeinde eine Suppenküche einzurichten.

---

5 **Hans Manz, Eß- und Trinkgeschichten,** Ravensburg 1974, S. 46-55.

ANREGUNG FÜR EINEN GOTTESDIENST AM ERNTEDANKFEST

... so gefeiert 1995 in der Berliner Kirchengemeinde Konradshöhe-Tegelort: Der Kirchenraum und der Altar waren dem Anlaß entsprechend geschmückt. Auf dem Altar standen u.a. auch Körbe mit aufgeschnittenen Baguettes. Die Liturgie wurde strukturiert durch die Erzählung »Wes Brot ich eß, des Lied ich sing« (S. 29f.), die in drei Teilen vorgelesen wurde. Eine kurze Predigt wurde zwischen dem 2. und 3. Teil eingefügt. Zwischendurch wurde gesungen bzw. Musik gehört. Zwei Lesungen, zur Einstimmung Jes 58,7-12 und als Schlußgebet Ps 104,1-24 i.A., rahmten den Gottesdienst ein. Eine wichtige Rolle spielte ferner ein – in diesem Falle schwarzes – Tuch in Bettlakengröße. Mit ihm wurden die Gaben auf dem Altar nach dem ersten Teil der Erzählung bis zum Ende des zweiten Abschnittes (s.u.) zugedeckt. Ich war erschrocken über die Betroffenheit, die die Aktion auslöste, und würde daher zwei Dinge ändern, könnte ich den Verlauf noch einmal planen: Für das Tuch würde ich eine andere Farbe wählen. Nach der Predigt – vielleicht auch anstelle der Predigt – würde ich zu einem Gespräch in kleinen, altersmäßig gemischten Gruppen einladen. Gesprächsgegenstand zwischen den Generationen könnte eines der vier Sprichwörter sein, die der Erzählung ihren Titel geben und in ihr eine Rolle spielen, deren Macht aber gebrochen wird: »Wes Brot ich eß, des Lied ich sing«, »Ohne Fleiß keinen Preis«, »Wer andern eine Grube gräbt, fällt selbst hinein«, »Wer nichts tut, dem geht's nicht gut«.

Gottesdienstablauf

- **Eingangsliturgie mit Offener Schuld und Gnadenzusage**

- **Kollektengebet**
»Guter Vater im Himmel, in deiner Sorge um uns
hast du uns diese Erde anvertraut;
sie soll uns mit ihren Früchten ernähren.
Wir bitten dich:
Laß uns dir danken für ihre Gaben,
unser tägliches Brot gib uns heute
und laß uns die nicht vergessen, die daran Mangel leiden.«[6]

- **Lesung: Jes 58,7-12.**

- **Lied: »Ich singe dir mit Herz und Mund« (EG 324).**

- **Erzählung/Predigt**

1. Erzählung von »Das ist die Geschichte von einem unglücklichen Jungen, ...« bis »Nicht selten kam es zu Prügeleien«.

MEDITATIVE MUSIK.

▼ Die Gaben auf dem Altar werden mit dem Tuch abgedeckt.

▼ 2. Erzählung von »Nun war aber der Junge, ...« bis » ... brach er sein Brot in drei Teile«.

DAS TUCH WIRD WIEDER VOM ALTAR ENTFERNT.

3. Aus der Predigt:
a) Wenn wir Abendmahl feiern, stehen Brot und Wein auf dem Altar. Heute haben wir Kornähren und Weintrauben hinzugefügt. Schaut euch den Altar noch einmal mit Bedacht an. Ursprünge und Zusammenhänge sind sichtbar. – Wir ehren damit den Schöpfer. Wir ehren den, den wir bitten »Unser tägliches Brot gib uns heute«. M. Luther hat knapp und präzise beschrieben, was es bedeutet, wenn wir den Satz Jesu nachsprechen: »... wir bitten in diesem Gebet, daß er uns *erkennen lasse* und *mit Danksagung empfangen* unser täglich Brot.«[7] Luthers erster Gedanke ist, Gott möge uns unser tägliches Brot »erkennen lassen«. Das hängt mit Aufmerksamkeit und Nachdenklichkeit zusammen. (Der Gedanke wurde entfaltet.) Als in unserer Erzählung vom Sich-Abrackern, von vergeblicher Arbeit und vom Streit um das tägliche Brot die Rede war, haben wir einen deprimierenden Moment lang ein schwarzes Tuch über die Gaben auf dem Altar gebreitet. Laßt uns das Bild nicht sogleich wieder verdrängen, sondern in der Erinnerung behalten. Vielleicht hilft es uns, aufmerksamer wahrzunehmen und nachdenklicher mit dem umzugehen, was wir haben.
b) Das zweite, was Luther empfiehlt, ist, unser tägliches Brot »*mit Danksagung zu empfangen*«. (Der Gedanke wurde entfaltet. Der Abschnitt endete mit Überlegungen zu unserem Verhältnis zu Armut und Reichtum, ähnlich den Gedanken in der Einführung dieses Kapitels.)
c) Das Schlüsselwort heißt »teilen«. Gott hat eine besondere Verheißung mit dem Teilen verbunden. (Erinnerung an die Lesung aus dem Jesajabuch.)
Die Geschichte von den drei Brüdern hat noch einen dritten Teil. Er zeigt, daß ihr Leben eine neue Qualität, eine tiefere Dimension bekommen hat, seitdem sie teilen. Die Erzählung hat ein offenes Ende. Wir werden aufgefordert, sie weiterzuerzählen – indem wir aufmerksam und nachdenklich unser tägliches Brot zu uns nehmen, es brechen und von ihm abgeben, wo es nötig ist.

MEDITATIVE MUSIK.

4. Erzählung von »Bei diesem Brauch blieb es« bis zum Ende.

DAS BROT VOM ALTAR WIRD VERTEILT.

- **Gebet: Ps 104,1-24 in Auswahl.**

- **Lied: »Vater unser, Vater im Himmel« (EG 188).**

- **Segen.**

---

6 **Alfred Schilling, Die Sonn- und Festtagsgebete der heiligen Messe.** Neue Übertragung der lateinischen Texte mit einem Anhang deutscher Gebete, Luzern/Stuttgart 1980, S. 127 (modifiziert).

7 **Martin Luther, Enchiridion, a.a.O., S. 513.**

Die fünfte Bitte

Und vergib uns unsere Schuld, wie auch wir vergeben unsern Schuldigern.

Ein neuer Anfang

Wenn Gott kommt, wird dem Menschen alle Schuld vergeben. Jesus lehrt und vollzieht kraft der ihm eigenen Autorität die Vergebung der Schuld als Zeichen dafür, daß »das Reich Gottes herbeigekommen« ist (Mk 1,15). Die Beziehung zwischen Gott und Mensch wird bereinigt. Das ist vorrangig vor der körperlichen Heilung des einzelnen (wie sie der Gichtbrüchige erfuhr; Mk 2,1-12). Die Annahme des Sünders geschieht vor aller menschlichen Wiedergutmachung (wie sie Zachäus praktiziert hat; Lk 19,1-10) und durchbricht alle Konventionen von Leistung und Lohn (wie im Gleichnis von den Arbeitern im Weinberg; Mt 20,1-16). Vergebung ist buchstäblich ein umfassender Vorgang (wie im Gleichnis vom verlorenen Sohn; Lk 15,11-32) und ein Geschenk von unglaublichen Ausmaßen (wie es dem Schalksknecht zugedacht war; Mt 18,23-35).

Jüdische Weisheit kann die Vergebung einer Tun-Ergehen-Ethik einordnen: »Vergib deinem Nächsten das Unrecht, dann werden dir, wenn du bittest, auch deine Sünden vergeben« (Sir 28,2). Manche sehen das Vaterunser in dieser Tradition.[1] Allerdings kennt das Neue Testament zwei Lesarten: »wie wir vergeben haben« (Mt 6,12; Aorist) versus »wie wir vergeben« (Lk 11,4; Präsens). Matthäus bestätigt in Nachsätzen zum Vaterunser, daß seine Verbform nicht zufällig ist: »Denn wenn ihr den Menschen ihre Verfehlungen vergebt, so wird euch euer himmlischer Vater auch vergeben. Wenn ihr aber den Menschen nicht vergebt, so wird euer Vater eure Verfehlungen auch nicht vergeben.« (6,14f.). Aber der oben aufgezeigte Kontext der Verkündigung Jesu spricht gegen einen konditionalen Zusammenhang von Vergebung durch Gott und Vergebung seitens des Menschen. Uns wird vergeben, weil Gott barmherzig und gnädig ist (so schon Ps 103). Gottes Gnade befreit uns dazu, unseren Schuldnern vergeben zu können (vgl. Luthers Erklärung zur 5. Bitte). Theologisch ist damit keine »Allversöhnung« (Apokatastasis) gemeint. Denn der Mensch hat die fragwürdige Freiheit, die »vorauslaufende Gnade Gottes« (gratia praeveniens) auszuschlagen. Das geschieht, wenn der, dem selbst reichlich Gnade erwiesen wurde, dem Mitmenschen gegenüber auf Gerechtigkeit beharrt – wie das Gleichnis vom Schalksknecht eindrücklich zeigt (Mt 18,23-35).

»Sünde« und »Schuld« sind in der Bibel synonyme Begriffe; ihr Gebrauch läßt sich nicht systematisieren. Einerseits bezeichnen sie die grundsätzliche Entfremdung des Menschen von Gott (peccatum essentiale). Anderseits meinen sie aktuelle Verfehlungen sowohl gegenüber Gott, als auch an Menschen. Aktuelle Sünde ist Ausdruck der grundsätzlichen Schuld. Die Vergebung der Schuld, um die der Mensch bittet, schafft ihm Frieden mit Gott und öffnet seine, des Menschen, Zukunft. Er ist und bleibt als fehlbarer Mensch aber auf Vergebung angewiesen, ist immer Gerechtfertigter und Sünder zugleich (simul iustus et peccator). *Es geht also auch im Vaterunser um die Einsicht des Glaubens, daß der Mensch in einer gestörten Gottesbeziehung lebt und daß seine Bitte um Vergebung Hinwendung zu Gott ist.* Diese an sich selbstverständliche Feststellung soll beurteilen und unterscheiden helfen: Das Empfinden von Schuld kennt jeder Mensch. Dafür sorgen schon die Sozialisationsprozesse, bei denen es um die Adaption geschichtlich und gesellschaftlich bedingter Werte und Normen geht. Längst ist nicht mehr klar, was »man« tut und wie »man« sich verhält. Manche sprechen von einer allgemeinen Orientierungslosigkeit. Es haben sich konkurrierende ethische Systeme herausgebildet. Ihre ureigenste Funktion, Entlastung für das Alltagshandeln zu bieten, wird in dem Maße fraglich, in dem die Konkurrenz uns zur Auseinandersetzung zwingt und Entscheidungen fordert. Viele Menschen scheinen zu der erforderlichen Flexibilität nicht in der Lage zu sein. Möglicherweise liegt hier der Grund dafür, daß Kinder und Jugendliche nach wie vor »starke« Eltern, Lehrerinnen und Lehrer erleben, die ihnen keine Wahl lassen und Verbote, Strafandrohungen, Beschuldigungen usw. für angemessene und nützliche Erziehungsmittel halten. Noch immer wird vermittelt, daß Widerspruch und Auflehnung »böse«, Anpassung und Unterordnung »gut« sind. Auch ist der Gedanke, daß das Aufbegehren gegen die Erzieherinnen und Erzieher und ihre Ordnung einer Rebellion gegen Gott gleichkommt, noch nicht aus der Welt. Nicht wenige Jugendliche haben auf solchen Wegen den »Bruder Schatten« (C. G. Jung) erworben, der sie in die Aggression treibt, in die blinde und zerstörerische Wut gegen die Erwachsenen und ihre Welt, oder in die selbstzerstörerische Bestrafung ihrer selbst. Es ist fatal und unverantwortlich, wenn kirchliche Lehre Schulderfahrung, die aus Konflikten mit Sozialsationsinstanzen herrührt, identifiziert als Ausdruck der essentiellen Schuld, die wir als grundsätzliche Bedingung des Menschen vor Gott glauben. Offensichtlich gehört zur Arbeit mit Jugendlichen (und mit Erwachsenen) an der fünften Bitte des Vaterunsers, daß wir ihre diesbezüglichen Erfahrun-

---

1 Herbert Braun, **Jesus. Der Mann aus Nazareth und seine Zeit,** Stuttgart/Berlin 1972³, S. 118 und S. 133 (Themen der Theologie 1).

gen aufnehmen und zu einer differenzierteren Sicht von Schuld und Sünde beitragen.

Die Paradigmata, die in »Denk mal nach ...« gewählt sind, können den Themen »Krieg und Frieden« und »Feindbilder und ihre Überwindung« zugeordnet werden: Die Erzählung eines Jungen vom Atombombenabwurf auf Hiroshima und seinen unmittelbaren Folgen mündet in die Frage, wessen Schuld unschuldige Opfer büßen müssen (S. 162f.). Ein Gedicht von Wolf Biermann »Wann ist denn endlich Frieden?« kommt zu dem Schluß: »Es ist ja der Mensch, der den Menschen bedroht« (S. 163). »Ein Feind weniger«, eine Beichtansprache, erzählt auf den Hintergrund maßlosen Hasses zwischen den Völkern vom gemeinsamen Abendmahl eines deutschen Gemeindedirektors und eines französischen Offiziers während der Besetzung des Ruhrgebietes: »Wer am Tisch Jesu steht, kann seinen Nächsten, der auch dort steht, nicht gut zum Feind haben.« (S. 164). Lanza del Vastos identifiziert »Feind« als »Mensch, der sich irrt«. Es ist nicht ganz klar, ob der Text Satire sein will; die Problemlösung, die Überwindung des Feindbildes, erscheint arg simplifiziert: Vf. will den irrenden Feind von seinem Irrtum befreien, indem er dessen Rechtfertigungen solange entlarvt, bis er der Wahrheit gegenübersteht. Sie wird ihn überwinden (S. 165). – Schuld ist in diesen Beispielen[2] strukturell begründet. Die Schuld des einzelnen hat überindividuelle, kollektive Anteile. Sie hängt mit einer geschichtlichen Konstellation oder mit einem bestimmten politischen Klima zusammen. Sie resultiert aus dem Verflochtensein des Individuums in die Strömungen seiner Zeit. Ähnliches ist schon bei der vierten Bitte begegnet: Am Hunger in der Welt werden wir mitschuldig durch unser Tun und Unterlassen, in der Art und Weise wie wir von ihm profitieren und wie wir konsumieren. Unser »Gesetz der Sünde und des Todes« (Röm 8,2) seien die »*Sachzwänge*«, mit denen wir heute leben müssen, hat D. Sölle einmal sinngemäß geäußert. Diese Feststellung ent-schuldigt uns nicht. Aber sie macht uns die Unausweichlichkeit unserer Schuld bewußt. Und verknüpft Vergebung mit Umkehr: Änderung eigenen Verhaltens und Arbeit an einer Veränderung schuldigmachender Strukturen.

MIT KONFIRMANDINNEN UND KONFIRMANDEN

Absicht

Eigene Schulderfahrungen und fremde Schuld mit Hilfe eines differenzierten Schuldbegriffes beurteilen können. Um Vergebung wissen.

Material

- Wandplakat mit der fünften Bitte des Vaterunsers.
- Bibeln oder eine Liste mit Bibelworten, die für die Aufgabe im 4. Schritt geeignet sind.
- Die Beichtansprache »Ein Feind weniger« (Denk mal nach ..., S. 164f.).
- Für jede(n) ein Bogen Zeichenkarton, etwa DIN A 2 (~ 40 x 60 cm), Wasserfarben, Pinsel, leere Marmeladegläser (Alternative: ein Stück Tapete und Wachsmalstifte).

Zeit

90 Minuten

Verlauf

1. Das Plakat mit der fünften Bitte ist für alle sichtbar aufgehängt. »Ein Feind weniger« wird gelesen oder nacherzählt. Besser ist ein Rollengespräch, vorausgesetzt, daß die Gruppe gerne spielt:[3] Der Gemeindedirektor Wille, der Offizier Bach und der Pastor erzählen abwechselnd die Begebenheit, orientiert an den drei Sinn-Abschnitten. 15 Minuten.
- Die politische Situation, der Auftrag des Offiziers, der Auftrag des Gemeindedirektors.
- Die Begegnung in der Kirche.
- Der Kompromiß zwischen dem Franzosen und dem Deutschen.

2. In einem auswertenden Plenumsgespräch liegt der Akzent auf der Thematik »Schuld und Vergebung«. 15 Minuten.
- Wenn ein Franzose in jener Zeit an Deutschland und Deutsche dachte, ging ihm durch den Kopf ...
- Wenn ein Deutscher in jener Zeit an Frankreich und Franzosen dachte, ging ihm durch den Kopf ...
- In der Ansprache ist von »alten Fehlern und alter Schuld« (S. 165) die Rede: Worin bestehen sie?
- Gibt es eine persönliche Schuld des Franzosen, des Deutschen?
- Was bewirkt das Abendmahl im Blick auf »alte Fehler und alte Schuld« und gegebenenfalls auf die persönliche Schuld der beiden?
- Das Abendmahl wird gewertet als »Zeichen für einen neuen Anfang«. Wie verändert die Begegnung in der Kirche das Verhalten der Kontrahenten?

▼

---

2 Eine im Grunde konfirmandengemäßere Alternative, in der in ähnlicher Weise kollektives Bewußtsein usw. und individuelle Schuld verknüpft sind, findet sich z.B. in Denk mal nach ..., S. 228.

3 Die Gruppe muß sich dann nicht mit dem breiten Stil und den selbstironischen Randbemerkungen des Predigers aufhalten: »Der Pastor jener Gemeinde muß einen lichten Moment gehabt haben.«

- Wenn wir den ganzen Vorgang unter dem Gesichtspunkt »Vergebung« beschreiben wollten, könnten wir sagen »Vergebung ist ...«

3. Mit Hilfe einer kombinierten Mal- und Schreibübung sollen die gewonnenen Einsichten zu den Schulderfahrungen der Konfirmandinnen und Konfirmanden in Beziehung gesetzt werden. Biographisches soll dabei so weit, wie es geht, anonym bleiben. Die Malutensilien bzw. die Wachsmalstifte liegen bereit. Jede(r) erhält einen Bogen Zeichenkarton bzw. ein Stück Tapete. Der Arbeitsauftrag lautet: »Falte das Papier *einmal* so, daß in etwa oben zwei Drittel und unten ein Drittel gekennzeichnet werden. Der obere Teil ist zum Malen, der untere zum Schreiben bestimmt. Wir wollen zunächst nur den oberen Teil füllen, also mit *Farben* statt mit Worten oder Sätzen arbeiten. Stelle dir eine Situation aus der Vergangenheit vor, in der du dich schuldig gefühlt hast oder in der dir jemand die Schuld an etwas gegeben hat. Versuche, dich deiner Gefühle, Stimmungen und Gedanken zu erinnern. Bringe ein paar Farben auf das Papier, die sie ausdrücken.« (Unterrichtende, Konfirmandinnen und Konfirmanden haben vermutlich je eigene Theorien über den Zusammenhang von Gefühlen, Stimmungen und Farben. Selbst eine so offene Formulierung wie »dunkle, harte Farben für Bedrückendes und helle, weiche Farben für etwas, was geholfen hat« wird Jugendlichen abständig erscheinen, für die schwarz eine freundliche bzw. ihrem Lebensgefühl adäquate Farbe ist. Das legt Unterrichtenden auf, Erläuterungen des Arbeitsauftrages bedächtig zu formulieren.) 15 Minuten.

4. Die Farbkompositionen werden in einer Partnerarbeit besprochen und ergänzt. »Zeigt und erklärt euch eure Bilder. Das kann offen geschehen: Ihr beschreibt die Situation und eure Gefühle möglichst genau. Eure Erklärung kann aber auch verschlüsselt sein: Ihr umschreibt, was euch widerfahren ist und bewegt hat. Was du deiner Partnerin bzw. deinem Partner von der tatsächlichen Bedeutung deiner Farben mitteilen willst, ist also deine Sache und hängt von dem Vertrauen ab, das ihr zueinander habt. Jede und jeder ist am Ende des Gespräches gebeten, dem Bild seiner Partnerin bzw. seines Partners einen Titel zu geben und ihn in das untere Drittel des Blattes zu schreiben. Das können ein Wort, mehrere Worte oder ein Satz sein, die sich auf die Situation beziehen und sie deuten, Stellung nehmen oder trösten.« Bibeln oder eine Liste mit ausgewählten Bibelworten können »Sprachhilfe« leisten. 30 Minuten.

5. Die Plakate werden aufgehängt. Während einer kleinen Pause haben die Konfirmandinnen und Konfirmanden Zeit, sich die Bilder und Titel anzusehen. Die Eindrücke aus der Partnerarbeit und während des Betrachtens der Plakate werden im Gespräch zusammengefaßt. Das Schwergewicht liegt wie beim 2. Schritt auf »Schuld und Vergebung«.

- Wichtig ist es, (noch einmal) zu benennen und zu erläutern, was Schuld und was Vergebung ist. Dabei kann es dazu kommen, daß der eine oder die andere die gewählte oder die von der Partnerin oder dem Partner gehörte Situation allen vorstellen will. Im letzten Fall ist unbedingt das Einverständnis der Betroffenen einzuholen. 15 Minuten.

MIT ERWACHSENEN

Die für Konfirmandinnen und Konfirmanden skizzierten Schritte sind auch mit Erwachsenen erprobt. Alternativen für die Beichtansprache »Ein Feind weniger« könnten sein
- Eine biblische Vergebungsgeschichte (z.B. Ex 32,30-34; 2 Sam 11.12,1-14; Lk 3,1-18; Lk 5,1-11; Lk 5,17-26; Lk 7,36-50; Lk 15,11-32; Lk 19,1-10; Joh 8,1-11; Joh 21,15-17; Apg 9,1-19) oder
- Ein theologischer Text oder eine Collage mit mehreren kurzen theologischen und literarischen Texten zu Schuld und Vergebung.

Die sechste und die siebte Bitte

Und führe uns nicht in Versuchung, sondern erlöse uns von dem Bösen.

Das Böse verwandeln

George Grosz, Ohne Titel, 1920, © VG Bild-Kunst, Bonn 1997
Bildeigentümer: Kunstsammlung Nordrhein-Westfalen,
Fotograf: Walter Klein, Düsseldorf

»Versuchung« ist der Vorgang, durch den der Mensch an Gott irre werden und dazu bewegt werden kann, ihm »ins Angesicht abzusagen« (Hi 1,11). Viele Menschen scheinen das heute schon hinter sich zu haben. Es gibt keinen Grund, sich über sie zu erheben. Vereinigt uns doch, ob wir an Gott glauben oder nicht, ob wir »schon« Erwachsene oder »noch« Jugendliche sind, die Erfahrung »des Bösen«. Das Betroffensein von der allgegenwärtigen Bosheit und dem unermeßlichen Leid, von denen wir täglich erfahren und denen wir buchstäblich zusehen müssen, läßt uns alle miteinander an die Grenze unseres Verstehens und Begreifens geraten. Starke Worte vom einsamen Kampf des Menschen gegen die Versuchung erscheinen demgegenüber völlig unangebracht. Wir fragen nach einem gerechten Gott, selbst dann noch, wenn Gott ansonsten keine Rolle mehr in unserem Leben spielt – wie eine Jugendstudie[1] es unlängst festgestellt hat: »Gleichwohl bleibt dieser ferne, nur für Notfälle reservierte Gott fragwürdig, nämlich im Problem des Leidens in der Welt. Dieses Problem ist durchaus vielen Gesprächspartnern wichtig: Warum ist Gott abwesend, warum läßt er Leid, Unglück, Bosheit zu? Viele hätten gern ein ›Zeichen‹ von Gott, und wäre es noch so klein. Gerade in dieser Frag-Würdigkeit Gottes am Problem des Leidens, gerade in der ›Zeichenforderung‹ zeigt sich vermutlich, daß Gott möglicherweise doch eine bedeutendere Rolle spielt, auch wenn er längst aus dem Alltag weggedacht ist. Im Alltag werden seine Grenzen wahrgenommen; an den Grenzen wird eine religiöse Kategorie wie Gott, zurückhaltend gesprochen, immerhin für denkbar gehalten.«[2]

Ist es »das Böse« (Augustin; M. Luther) oder »der Böse« (Ostkirchen; ökumenische Fassung des Vaterunsers von 1975), der oder das uns umtreibt und vor dem wir um Bewahrung bitten? In der Erklärung präzisiert Luther das Böse als »der Teufel, die Welt und unser Fleisch«. Unsere Bitte sagt also, gib uns weder in die Hände des Versuchers (Mt 4,3), noch in die der Mächte dieser Welt, noch in unsere eigenen. Das ist ein weites Verständnis. Es geht weiter als die »anonymen Mächte«, auf die manche Ausleger heute applizieren. »Das Dämonische« (P. Tillich, 1926) ist ja durchaus benennbar. Auch das Dämonische im Menschen, das ohne erkennbaren Grund und Sinn auf blinde Zerstörung eigenen wie fremden Lebens aus ist. Damit ist freilich die Frage noch nicht beantwortet, wie Gott das Böse zulassen kann. Abraham wird von Gott versucht (Gen 22,1). Gott beauftragt Satan, Hiob zu prüfen (Hi 1,12; 2,6). Der Teufel (Mt 4,1; Lk 4,2) bzw. der Satan (Mk 1,13) versucht Jesus in der Wüste. – Je mehr der Widersacher Gottes als selbständig handelndes Wesen begriffen wird – gesteigert in der Apokalyptik – desto unvorstellbarer erscheint den biblischen Autoren Gott als Verursacher der Versuchung: »Niemand sage, wenn er versucht wird, daß er von Gott versucht werde. Gott ... versucht niemand« (Jak 1,13). Den Glaubenden gilt vielmehr die Verheißung, daß Gott sie nicht über ihre Kraft versuchen läßt (1 Kor 10,13). Auch in der sechsten und siebten Bitte des Vaterunsers wird Gott als *Subjekt, das der Versuchung und dem Bösen Einhalt gebieten kann*, in Anspruch genommen. Das Nebeneinander der verschiedenen biblischen Vorstellungen führt theologisch-systematisches Denken zu paradoxen Sätzen: Der Mensch muß »von Gott zu Gott fliehen« (M. Luther), vom verborgenen Gott (deus absconditus) zum geoffenbarten Gott (deus revelatus). Er muß also seine Zuflucht bei Gott suchen und gleichzeitig gegen Gott selbst anbeten. Die-se Paradoxie korrespondiert mit der Widersprüchlichkeit des Kreuzes, an dem *Gott* stirbt (theologia crucis). Nur der Glaube kann urteilen, daß »Gott innerhalb von Übel und Leid lebt und am Werk ist, indem er sie beständig verwandelt durch die positive Kraft, die er – Gott der Sohn – mit dem Vater schon immer hatte, ehe die Welt erschaffen wurde« (D. L. Sayers, Denk mal nach ..., S. 175).

---

1 **Heiner Barz,** a.a.O., S. 64.

2 **Christoph Schubert-Weller, Jugend und Religion.** Ergebnisse einer Studie der Arbeitsgemeinschaft der Evangelischen Jugend in der Bundesrepublik Deutschland (aej). In: Deutsche Jugend 3 (1992), S. 132.

36 | Die sechste und die siebte Bitte | Das Böse verwandeln

MIT KONFIRMANDINNEN UND KONFIRMANDEN

Absicht

Das Böse in der Welt in den Blick nehmen und es zu seinem Glauben an Gott in Beziehung setzen.

Material

- Wandplakat mit der sechsten und siebten Bitte des Vaterunsers.
- Die beigefügte Folie mit dem Gemälde »Ohne Titel« **M 4**; Overhead-Projektor (Tageslichtschreiber; Polylux®); evtl. Pappstreifen oder Tonpapiermasken zum Abdecken.
- Schwarzweißfotos, die geeignet sind, »das Böse« zu repräsentieren, ausgeschnitten aus Illustrierten oder ausgewählt aus kommerziellen Fotosätzen, etwa in der vierfachen Anzahl der Konfirmandinnen und Konfirmanden.
- Der Text von Dorothy L. Sayers, »Zur Frage des Bösen in der Welt« (Denk mal nach ..., S. 174f.).

Zeit

90 Minuten

Verlauf

1. Das Plakat mit der sechsten und siebten Bitte ist für alle sichtbar aufgehängt. Die Folie wird projiziert und gemeinsam betrachtet. Nach ›Ich sehe ...‹-Sätzen wird die Verbindung hergestellt zu den Vaterunser-Bitten (vgl. die Vorschläge zur »Bildbetrachtung«, S. 12f.). Vielleicht finden die Konfirmandinnen und Konfirmanden ganz andere Bezüge, als in der Interpretation angedeutet. Dann sollten die Unterrichtenden sie stehen lassen. Halten sie sich an die Vorschläge, ist es wichtig, nicht undifferenziert auf Grosz' Unternehmer- und Kapitalisten-Schelte »abzufahren«. Das zeitgenössische Kolorit des Bildes will ebenso beachtet und gewürdigt werden wie die Kunstrichtung, der sich Grosz damals verpflichtet wußte. Gleichwohl macht er in prophetischer Weise auf ein immer noch aktuelles Problem aufmerksam: *Die* Versuchung der Neuzeit ist die, daß der Mensch mit seinen Bedürfnissen zurücktreten muß hinter die Interessen der Industrie. 25 Minuten.

GEORGE GROSZ, OHNE TITEL, 1920

☞ **Fabrikgelände, Industrieviertel, Gewerbegebiet:** Alles ist Quadrat oder Rechteck. Das ganze Ambiente wirkt tot und seelenlos. Was bedeutet es, daß hier nur der Quader mitten auf der Straße – ein bereitgestellter Versandkarton? – einen Schatten hat? Der Teufel wirft bekanntlich keinen. Am trostlosesten erscheinen die dunklen Fensterhöhlen des linken Gebäudes. Kontrastierend dazu die angedeutete Jalousie rechts im Fenster. Daß sie offensichtlich klemmt, hat wenigstens etwas Menschliches. Ansonsten ist die Anwesenheit von Menschen nur indirekt zu erschließen: Die Schornsteine rauchen. Was wird produziert? Die Puppe im Vordergrund, anscheinend wie auf einem Podest auf einem Quader bzw. Versandkarton stehend, deutet auf Kleiderfabrik(en). Sie hat kein Gesicht, keine Hände, keinen Unterleib. Rechter Armstumpf und linker Ellenbogen wiederholen die Grundform industriellen Designs Anfang der 20er: Alles Runde, Spitze, Feingliedrige ist amputiert. Im übrigen wirkt die Figur merkwürdig energisch und richtungsweisend: Der linke Armstumpf ist in die Hüfte gestemmt und der rechte Armstumpf mahnend erhoben. Geht es hier nur um eine Anziehpuppe, die auf Kleiderfabrikation verweist?

Was zusätzlich irritiert, ist der Hals: In einer späteren Arbeit Grosz' ist der steife, weiße Kragen das Attribut des Akademikers und des Kapitalisten, die u.a. »Die Stützen der Gesellschaft« sind, so der Titel eines Ölgemäldes aus dem Jahre 1926. Ist die Puppe »in Wirklichkeit« der Unternehmer, der die Standbilder von Kaisern, Königen, Schlachtenlenkern und Kulturgrößen substituiert? Dann handelt es sich um ein gewollt unvollständiges Zitat: Mangels Hand und Zeigefinger kann der Unternehmer in keine Zukunft des Vaterlandes weisen.

Dieser Deutung, halbwegs logisch abgeleitet und aufgebaut, kann sich Betrachterin/Betrachter allerdings kaum sicher sein. Es gehört zu den Prinzipien des Dadaismus, jener antibürgerlichen und provokanten, von Grosz in Berlin mitgeprägten Kunstrichtung, das sich seine Werke generalisierender Interpretation nicht ohne weiteres erschließen.

George Grosz, geb. 1893 und gest. 1959 in Berlin, hieß eigentlich Georg Ehrenfried. Er prangerte in Gemälden und Graphiken mit den Mitteln der Karikatur gesellschaftliche Zustände in der Weimarer Republik an: Militarismus, Kapitalismus und Großstadtelend. 1932 emigrierte er in die USA.[3]

---

[3] Daten nach Winfried Nerdinger (u.a.) (Hg.), Perspektiven der Kunst. Von der Karolingerzeit bis zur Gegenwart, München 1990, S. 353.

2. Die Gruppe sitzt – wenn möglich – im Kreis. Die Fotos liegen in der Mitte. Jede und jeder sucht sich zu dem Halbsatz »Das Böse ist für mich wie ...« ein Bild aus und behält es bei sich. Wenn sich alle entschieden haben, werden die nicht-gewählten Fotos beiseite geräumt. In einer Runde, bei der es wichtig ist, jede und jeden zunächst unkommentiert zu Wort kommen zu lassen, erläutern alle ihre Wahl. In einem zweiten Durchgang werden Rückfragen gestellt oder Reaktionen geäußert. Das Böse wird in einer breiten Palette zur Sprache kommen. Es kann sein, daß das Gespräch den vorgesehen Zeitrahmen sprengt. Dann ist es wichtig, daß die Sitzung mit einem weiterführenden Eindruck schließt, etwa mit einem Lied wie »O Herr, mach mich zu einem Werkzeug deines Friedens« (Denk mal nach ..., S. 174). 40 Minuten.

3. Der Text von Dorothy L. Sayers, »Zur Frage des Bösen in der Welt« wird gemeinsam gelesen und entsprechend seinen drei Gedankengängen besprochen.
- Die Frage nach der Gerechtigkeit Gottes ist nicht nur angesichts der großen Versuchungen wie Krieg und Faschismus, sondern auch im Blick auf die kleinen Gemeinheiten wie z.B. mein eigenes rücksichtsloses Benehmen zu stellen.
- Ist alles, auch das Böse, vorherbestimmt nach einem großen Plan Gottes, oder hat der Mensch einen freien Willen? Die Autorin favorisiert die Verantwortlichkeit des Menschen.
- Christliche Verantwortung bedeutet ein »aktives und positives Bemühen, einem wirklichen Übel ein wirkliches Gutes abzuringen«. Denn es ist gewiß, »daß Gott innerhalb von Übel und Leid lebt und am Werk ist, indem er sie beständig verwandelt«. 25 Minuten.

MIT ERWACHSENEN

Material
- Schwarzweißfotos, die geeignet sind, »das Böse« zu repräsentieren, ausgeschnitten aus Illustrierten oder ausgewählt aus kommerziellen Fotosätzen, etwa in der vierfachen Anzahl der Teilnehmerinnen und Teilnehmer.
- Evtl. der Text »Zur Frage des Bösen in der Welt«.
- Zeichenkarton- oder Packpapierbögen in Anzahl der Teilnehmerinnen und Teilnehmer,
- Farbstifte, Wachsmalkreiden oder Wasserfarben,
- Klebstoff, Tesakrepp.

Verlauf

Das folgende Verfahren ist für Erwachsene geeignet, die schon etwas länger miteinander gearbeitet haben und einander infolgedessen vertrauen. Die nüchterne Verlaufsbeschreibung läßt die persönlichen Anteile, die mitschwingen, nur erahnen. Ein gewisses Einfühlungsvermögen aller Beteiligten ist unerläßlich.

Jede(r) sucht sich zu dem Halbsatz »Das Böse ist für mich wie ...« ein s/w-Foto wie oben beschrieben. Nachdem alle ihre Auswahl begründet haben, werden die Fotos in die Mitte gelegt. Aufgabe für jede und jeden ist es, sich ein fremdes Bild zu nehmen und es so zu »verwandeln«, daß *die Überwindung des Bösen zum Ausdruck kommt* oder auch nur angedeutet wird. Die Fotos werden ganz oder in Ausschnitten auf ein größeres Stück Zeichenkarton oder Packpapier geklebt. Es sind eine Reihe von Gestaltungsvarianten möglich, die einander nicht ausschließen:
- Einzelne Wörter und/oder kurze Sätze werden in der Art eines Werbeplakates dazu geschrieben.
- Ein Satz (aus der Bibel) wird rund herum geschrieben.
- Das Foto wird ganz oder teilweise koloriert.
- Die Linien des Fotos werden über seine Ränder hinaus verlängert und die entstehenden Felder mit Wasserfarben ausgemalt.
- Der Rahmen wird abstrakt oder gegenständlich farbig gestaltet; das s/w-Bild in der Mitte bleibt unverändert.

Sind alle mit ihrer Arbeit fertig, werden die Ergebnisse zunächst derjenigen oder demjenigen überreicht und erläutert, die bzw. der das s/w-Foto ursprünglich gewählt hatte. Wenn es möglich ist, werden die Collagen anschließend an den Wänden und Fenstern des Arbeitsraumes befestigt (Tesakrepp-*Röllchen*). Wie bei einer Kunstausstellung haben alle Gelegenheit, herumzugehen, sich die Kreationen anzuschauen, nachzufragen und Stellung zu nehmen. Soll es noch einen gemeinsamen Schluß geben, bietet es sich an, Auszüge aus »Zur Frage des Bösen in der Welt« zu lesen.

Der Lobpreis

Denn dein ist das Reich ...

In gespannter Erwartung

Der Lobpreis, die »Doxologie«, fehlt in der lukanischen Fassung des Vaterunsers (11,2-4). Aber auch für die matthäische Version (6,9-13) ist er erst in späteren Handschriften bezeugt. Die Didache, Kirchenordnung Anfang des 2. Jh.s, kennt eine zweigliedrige Form: »Denn dein ist die Kraft und die Herrlichkeit in Ewigkeit.« Die abweichende Traditionsbildung hängt mit dem unterschiedlichen liturgischen Gebrauch des Vaterunsers zusammen. Da ein Lobpreis als Abschluß eines Gebetes in der jüdischen Tradition selbstverständlich ist, war er wohl ursprünglich »der freien Formulierung des Beters überlassen«[1]. Die endgültige Formulierung lehnt sich an I Chr 29,11 an: »Dein, Herr, ist die Majestät und Gewalt, Herrlichkeit, Sieg und Hoheit. Denn alles, was im Himmel und auf Erden ist, das ist dein. Dein, Herr, ist das Reich und du bist erhöht zum Haupt über alles.« Sehnsucht nach einer gottbestimmten Welt! Das königliche Ambiente wirkt sich aber auf die Attribute des Lobpreises aus. Vorstellungen und Sprache erscheinen abständig. Höfische Huldigungen begegnen sonst nur noch in der Oper, in Romanen oder in der Spielfilmserie »Schicksalhafte Begegnungen« ... Das verstärkt den Eindruck des Formelhaften – auch beim Vaterunser-Schluß.

Gleichwohl sind die Gedanken nachvollziehbar. Zwar wird eine Gruppe, die sich mit ihnen beschäftigt, über jeden Begriff einzeln reden müssen. Aber vielleicht kann sie sich über die *Funktion* des Lobpreises verständigen. G. Ebeling vergleicht sie in einer Predigt mit dem formellen Schluß eines Briefes: Konventionell, selten originell, unverzichtbar (weil sonst unhöflich) respektvoll oder zugeneigt, manchmal erwartungsvoll. »Ähnlich verhält es sich auch mit der Schlußwendung des Unser-Vaters. Sie fügt den vorhergehenden Bitten nicht noch eine weitere hinzu. Sie bringt nicht etwas anderes zur Sprache, als in jedem Wort zuvor schon bestimmend war. Sie bringt das Gebet zu Ende, indem der Mut, das Vertrauen und die Gewißheit solchen Betens laut werden und gleichsam das Siegel, die Unterschrift unter das Gebet setzen.«[2]

Werden Jugendliche und Erwachsene das Vaterunser unterschreiben? Nach wie vor werden Zustimmung und Ablehnung ganz unterschiedlich verteilt sein. Hat sich etwas geändert gegenüber den Einstellungen *vor* der Beschäftigung mit dem Vaterunser? Was bedeutet es angesichts der zentralen Rolle, die das Gebet auch künftig in gemeindlichen Veranstaltungen spielen wird, wenn es den einen nach wie vor – oder auch ganz neu – vertraut und lieb erscheint und andere das Gebet immer noch – oder jetzt erst recht – mit einem inneren Vorbehalt erleben? Was verbindet die einen mit einzelnen Sätzen, was macht den anderen Mühe? Indem die Teilnehmerinnen und Teilnehmer sich ihre emotionale »Nähe« oder »Ferne« zu den Aussagen des Gebetes bewußt machen, diese offenlegen und austauschen, kommt noch einmal ein intensives Gespräch über Gottesbeziehung, Welt- und Selbstverständnis zustande. Jede(r) lernt für ihren/seinen eigenen Glauben von den Erfahrungen und Einstellungen der anderen.

Das folgende Verfahren eignet sich sowohl für Konfirmandinnen und Konfirmanden als auch für Erwachsene. Es wäre fatal, wenn es als »Lernkontrolle« ankäme. Das läßt sich im Grunde nur verhindern, indem sich die Unterrichtenden bzw. die Gesprächsleiterinnen und Gesprächsleiter beteiligen und ebenfalls Position beziehen. (Die folgende Beschreibung orientiert sich der Einfachheit des sprachlichen Ausdrucks halber am Konfirmandenunterricht; sie ist unschwer auf die Arbeit mit Erwachsenen zu übertragen.)

---
1 Joachim Jeremias, Art. Vaterunser. In: RGG³, Bd. VI (1962), Sp. 1236.
2 Gerhard Ebeling, a.a.O., S. 115f.

MIT KONFIRMANDINNEN, KONFIRMANDEN UND ERWACHSENEN

Absicht

Sich seine »Nähe« und »Ferne« zu den Aussagen des Vaterunsers bewußt machen und darüber mit anderen Konfirmandinnen und Konfirmanden ins Gespräch kommen. Können die Jugendlichen dann in den abschließenden Lobpreis einstimmen?

Material

- Wandplakat mit dem Lobpreis des Vaterunsers.
- M. Luthers Erklärungen zum Vaterunser aus dem Kleinen Katechismus (Denk mal nach ..., S. 124-127).
- Der Text »Es stimmt nicht« von A. Boesak und das »Andere Osterlied« (beide: Denk mal nach ..., S. 178).
- Packpapierstreifen, ca. 1,60 m x 2,00 m, aus zwei Bahnen zusammengeklebt; stärkere Farbstifte in der Anzahl der Konfirmandinnen und Konfirmanden.

Zeit

90 Minuten

Verlauf

```
Vater unser im Himmel.
Geheiligt werde dein Name.
Dein Reich komme.
Dein Wille geschehe,
wie im Himmel,
so auf Erden.
Unser tägliches Brot gib uns heute.
Und vergib uns unsere Schuld,
wie auch wir vergeben unsern Schuldigern.
Und führe uns nicht in Versuchung,
sondern erlöse uns von dem Bösen.
Denn dein ist das Reich
und die Kraft
und die Herrlichkeit
in Ewigkeit.
Amen.
```

1. Das Wandplakat ist für alle sichtbar aufgehängt. Mit wenigen einleitenden Sätzen wird die Möglichkeit benannt, daß jede und jeder für sich etwas am Vaterunser finden kann, daß ihr bzw. ihm hilft, in den abschließenden Lobpreis einzustimmen. Dazu sollen alle das ganze Vaterunser in den Blick nehmen und sich ihre »Nähe« und »Ferne« zu einzelnen Aussagen bewußt machen. 5 Minuten.

2. Das Vaterunser wird so auf die rechte Hälfte des Packpapierstreifens geschrieben, daß jeder Satz bzw. Halbsatz eine eigene Zeile erhält.

```
x    o    Vater unser im Himmel.
x    o    Geheiligt werde dein Name.
      x    o    Dein Reich komme.
          xo   Dein Wille geschehe,
x    o         wie im Himmel,
      x    o    so auf Erden.
      x    o    Unser tägliches Brot gib uns heute.
        o x    Und vergib uns unsere Schuld,
      x    o    wie auch wie vergeben unsern Schuldigern.
  o         x   Und führe uns nicht in Versuchung,
  o         x   sondern erlöse uns von dem Bösen.
x    o         Denn dein ist das Reich
x    o         und die Kraft
x    o         und die Herrlichkeit
x    o         in Ewigkeit.
        o x    Amen.
```

Alle setzen links neben jede Zeile in ihrer Farbe – oder bei gleichen Farben mit je einem eigenen Symbol – ihr Zeichen nahe an den Satz heran, wenn sie die Aussage mit ganzem Herzen mitbeten können, weiter weg, wenn sie ihnen fraglich ist oder sie sie lieber anders formulieren würden.

```
Vater unser im Himmel.
Geheiligt werde dein Name.
Dein Reich komme.
Dein Wille geschehe,
wie im Himmel,
so auf Erden.
Unser tägliches Brot gib uns heute.
Und vergib uns unsere Schuld,
wie auch wie vergeben unsern Schuldigern.
Und führe uns nicht in Versuchung,
sondern erlöse uns von dem Bösen.
Denn dein ist das Reich
und die Kraft
und die Herrlichkeit
in Ewigkeit.
Amen.
```

Alle verbinden anschließend ihre Zeichen zu einer Linie. Wenn alle Konfirmandinnen und Konfirmanden fertig sind, lassen sich mit einem Blick Übereinstimmungen (im Beispiel bei »Dein Wille geschehe«) und Divergenzen (im Beispiel zu »Vater unser im Himmel«) innerhalb der Gruppe feststellen und in einem ersten Gesprächsgang auswerten.

In einer zweiten Runde kann jede Konfirmandin und jeder Konfirmand erklären, warum sie bzw. er an die jeweiligen Positionen Zeichen gesetzt hat. Wichtig für das Gespräch

▼ ist der Hinweis, »erst einmal zu hören und im anschließenden Gespräch die einzelnen Entscheidungen nicht zu bewerten«.

In der Regel werden während des Gespräches auch lebensgeschichtliche Zusammenhänge offenbar – z.B. wenn jemand begründet, warum es ihm schwerfällt, Gott »Vater« zu nennen. Die Unterrichtenden sollten darauf achten, daß sich die »psychologischen« Ausdeutungen durch die anderen Konfirmandinnen und Konfirmanden in einem angemessenen Rahmen halten. Nicht nur in diesem Zusammenhang sind Luthers Erklärungen nützlich: Sie helfen, das Gespräch (wieder) zu versachlichen. 75 Minuten.

3. Andachtähnlicher Schluß mit dem »Anderen Osterlied«, dem Text von A. Boesak und dem Vorschlag der Unterrichtenden bzw. des Unterrichtenden, das Vaterunser jetzt miteinander zu sprechen und den Sätzen je nach »Nähe« oder »Ferne« zu ihnen mehr oder weniger Stimme zu geben (sie lauter oder leiser zu sprechen). Es ist wichtig zu klären, ob diesem Schritt alle Beteiligten zustimmen!
10 Minuten.

ANREGUNG FÜR EINEN GOTTESDIENST

Für einen Gottesdienst oder eine Andacht bietet sich eine einfach Variante des oben beschriebenen Verfahrens an: Jede(r) hat einen Vaterunser-Text für sich (und zwei verschiedenfarbige Klebepunkte). Jede(r) überlegt für sich in Ruhe (und markiert den Text entsprechend): Welche Zeile des Gebetes ist mir (im Augenblick) besonders nahe, welche eher fern und welche Rolle spielen dabei meine Lebenssituation oder andere Menschen oder gesellschaftliche Zusammenhänge oder ... Die Predigt oder die Ansprache können sich darauf beziehen und dazu auffordern, die Gedanken mit den individuellen Entscheidungen zu vergleichen.

➡ Praktisches Hilfsmittel für KonfirmandInnen

Meine Konfirmandenzeit
Blätter, Ergebnisse und Bilder aus der Konfirmandenarbeit.
Schnellhefter.
[3-579-01799-3]

In dieser praktischen Mappe können die Konfirmandinnen und Konfirmanden alle Materialien, die sie während der Konfirmandenzeit gesammelt haben, abheften: Informationsblätter, Ergebnisse und Bilder. Innen sind die wichtigsten Texte aufgedruckt: Die Zehn Gebote, Das Glaubensbekenntnis, Das Vaterunser, Der Auftrag zur Taufe, Die Einsetzungsworte zum Abendmahl und der Psalm 23.

Gütersloher Verlagshaus

Der Kleine Katechismus

Martin Luther
Der Kleine Katechismus Doktor Martin Luthers
Revidierte Fassung. Mit der Theologischen Erklärung von Barmen 1934, einer Sammlung von Gebeten, Bibelversen und Liedern sowie Übersichten über das Kirchenjahr und die Bücher der Bibel.
27. Auflage. 64 Seiten. Kt.
[3-579-01000-X] GTB 1000

Der Kleine Katechismus (1529) stellt die Summe dessen dar, was die lutherische Reformation an neuen entscheidenden Erkenntnissen und Wahrheiten gebracht hat. Er enthält das neue Glaubensgut in kurzen Kernsätzen, die der Große Katechismus aus dem gleichen Jahr als Kommentar auslegt.

Die vorliegende Ausgabe bietet neben dem Kleinen Katechismus den Text der theologischen Erklärung von Barmen vom 31. Mai 1934, eine Sammlung von Gebeten, biblischen Worten und Liedern sowie Übersichten über das Kirchenjahr und die Bücher der Bibel.

Gütersloher Verlagshaus

KU zu den 5 Hauptstücken des Kleinen Katechismus

Gütersloher Verlagshaus